U0905488

A VERY SHORT HISTORY OF BUDDHISM

一口气读完佛教史

谢路军○著

九州出版社
JIUZHOUPRESS

图书在版编目(CIP)数据

一口气读完佛教史/谢路军著.—北京:九州出版社,2007.10

ISBN 978-7-80195-713-9

Ⅰ.一… Ⅱ.谢… Ⅲ.佛教史—中国 Ⅳ.B949.2

中国版本图书馆 CIP 数据核字(2007)第 134607 号

一口气读完佛教史

作　　者　谢路军　著
责任编辑　魏非
出版发行　九州出版社
地　　址　北京市西城区阜外大街甲 35 号(100037)
发行电话　(010)68992190/2/3/5/6
网　　址　www.jiuzhoupress.com
电子信箱　jiuzhou@jiuzhoupress.com
印　　刷　北京盛通印刷股份有限公司
开　　本　787×1092 毫米　16 开
印　　张　17
字　　数　200 千
版　　次　2007 年 10 月第 1 版
印　　次　2020 年 10 月第 3 次印刷
书　　号　ISBN 978-7-80195-713-9/B·227
定　　价　25.00 元

引　言

佛教是世界三大宗教之一。它起源于印度，传入中国后，又与中国固有的传统思想相融合，逐渐成为具有中国特色的宗教。有人比喻说，佛教出生在印度，生长在中国。这一说法不无道理。

佛教在中国历史上影响广泛，渗透到意识形态的各个领域，包括哲学、文学、艺术（音乐、音韵、雕刻、建筑）、天文、印刷、医药以及风俗习惯等等。在中国哲学史方面，宋明理学在很大程度上受到了华严宗和禅宗等教派的影响，进而发展壮大，自成体系。近代的一些思想家和政治家，如康有为、梁启超、谭嗣同、章太炎、龚自珍等，也都曾深受佛教的影响。千百年来，数千卷的佛教经典被翻译过来，它影响到我国诗歌、小说的创作。佛寺、佛塔的造型艺术风行各地，形成了中国古代建筑的独特风格。闻名于世的敦煌、云冈、麦积山、龙门等石窟中的雕塑和壁画，更是我国古代艺术的宝库。

佛教的社会价值亦为各界人士所认同。赵朴初先生在《佛教常识答问》的序言中说："我曾看到一本毛主席的勤务员李银桥写的书。有一天，毛主席在延安出门散步，毛主席对李银桥说：'我们去看看佛教寺庙，好不好？'李银桥说：'那有什么看头？都是一些迷信。'毛主席说：'片面片面，那是文化。'我因而想起文化大革命结束后，周建人先生写信给我说：'文革'初期范文澜先生向他说，自己正在补课，读佛书。范老说，佛教在中国将近两千年，对中国文化有那么深厚的影响，不懂佛教，就不能懂得中国文化史。1987年，我到四川一个佛教圣地看到被人贴迷信标语的事实，回来写了一份报告，钱学森博士看见了，写信给我说：'宗教是文化。'这三个人，一是伟大的革命家，一是著名的历史学家，一是当代的大科学家，所见相同，都承认佛教是文化。"

佛教不仅在中国历史上产生了深远影响，而且其影响也波及到全世界，它盛行于亚洲特别是东南亚各国，佛教在其中的许多国家仍然被奉为国教，在政治、经济、思想、文化的各个方面，起着巨大的作用。今天，我们同日本和东南亚一些佛教国家的友好合作关系正在日益发展，佛教作为联系和促进这一友谊的"黄金纽带"，其作用当不可估量。

您现在看到的是一部让人快速阅读的简要介绍中国佛教史的著作。书中用73个小标题的形式来勾勒出中国佛教发展的历史脉络，比较清晰地反映出了中国佛教发展的基本概况。当然，这些标题的设置能否准确地概述中国佛教历史的发展，还望各位读者不吝赐教。

目　录

1. 佛教的起源

佛教产生于公元前6世纪至公元前5世纪的古代印度。这一时期印度的社会经济空前发展。在农业上已普遍采用铁器，恒河中下游建造了人工灌溉设施，种植水稻、棉花、豆类等作物，品种繁多。手工业出现了许多分工细致的专业，出现了冶金、纺织、木材、制陶等细致的分工。商业也空前发展起来，早期佛经一再提到的大商人往往成了佛教的赞助人。内地商品交换频繁，对外贸易十分活跃。商队东到缅甸，西北抵波斯、阿拉伯，南到斯里兰卡。商业和手工业的兴盛，促进了城市的形成和繁荣。在佛陀时代，据说著名的大城市有八座，即王舍、吠舍厘、舍卫、波罗奈斯、阿盘陀、瞻波、憍赏弥、叉始罗。每座城市都是城邦国家的中心，兼控着周围的聚落、村落等农牧业地区。

当时，北印度各国大都实现了世袭的君主制，少数仍保留传统的贵族共和制。从恒河流域的上游到下游（即中印度一带），建立了以城市为中心的16个大国。其中最强大的是恒河南岸的摩揭陀国和西北边的拘萨罗国。佛教创始人释迦牟尼的出生地迦毗罗卫国是位于东北方的一个小贵族政治共和国。由于国与国之间经常发生攻伐与兼并，在释迦牟尼晚年时，该国被拘萨罗国琉璃王所吞并。国与国之间的战争，一方面使刹帝利王权得到了巩固与加强；

▲ 迦毗罗卫遗址

迦毗罗卫城是佛教圣地，意译“妙德城”，位于今尼泊尔境内。

另一方面也加剧了社会的动荡不安和广大人民百姓的痛苦。释迦牟尼创立佛教与当时的历史环境有着密切的关系。

早在前1200年左右，雅利安人进入印度西北部，逐渐与当地的达罗毗荼族混合同化。以吠陀为代表的外来文化与西北印度的土著文化相结合，形成一种新的文化形态——婆罗门教。婆罗门教以“吠陀天启”、“祭祀万能”、“婆罗门至上”三大纲领为标志，主张用四种姓制度规范社会各个等级的社会职责，其中执掌宗教事务的为“婆罗门”，执掌军政大权的为“刹帝利”，从事生产活动的是“吠舍”，为这三个等级服务的奴隶是“首陀罗”。还有一种被排除于种姓之外的“旃陀罗”（意为贱民），他们地位最卑贱，其中一部分人专事守死尸、抬死尸、焚死尸或行刑刽子手的职业，婆罗门杀死一个首陀罗或旃陀罗所作的忏悔，同杀死一只猫、狗、青蛙所作的忏悔一样，所以当时种姓之间的矛盾十分尖锐。四种姓的地位是神所划定的：婆罗门至尊，不容冒犯。婆罗门教传入恒河中下游佛教早期活动的中心地区的时间较晚，约为公元前8世纪。婆罗门教继续向南印度流传过程中，社会上层首先接受了这种文化形态。

早在佛陀诞生以前，婆罗门教便已经发生了分化。有人对祭祀万能表示怀疑，有人公开否认梵天（婆罗门教的创世主）的存在。一种新的思想——《奥义书》思潮在婆罗门教内开始孕育成熟。《奥义书》的思辨哲学强调世界的精神本原“梵”，以“梵我如一”为人生解脱的目标。这标志着“祭祀万能”的宗教观念正被扬弃，更深刻的解脱学说正在形成。

▲ 梵天，宇宙的创造者，婆罗门教的最高神，也是印度教的三大神祇(即梵天、湿婆、毗湿奴)之一。周身呈红色或粉色，有四头四臂。4张脸分别朝向东西南北，象征4部吠陀经。4只手常握有念珠、水罐、吠陀经、节杖、勺子、乐弓或是莲花等物，其中，念珠用于记载时间，水用于衍生万物。梵天一般处于莲花之上，出行时骑天鹅，或乘坐由7只天鹅拉的战车。

到公元前6世纪，对立于婆罗门教一方，出现了由诸沙门组成的社会异端。这个异端的成分比较复杂，观点繁多，耆那教称它共有“三百六十三见”，佛教则称有96种“外道”或“六十二见”。归纳起来，除佛教之外，可分为六大流派，佛教称之为“六师外道”。它们的代表人物是：

(1) 阿耆多，唯物思想的代表，即后来“顺世论”的先驱。

(2) 尼乾子，承认有业报，主张苦行，即“耆那教”创始人。

(3) 散惹夷，一种直观主义学派，对一切问题都不作决定说。

(4) 婆浮陀，否认人的行为会发生影响。说人身是由七种元素构成，带有唯物论的倾向。

(5) 末伽梨，是命定论者，主张没有业报，没有父母生身等。

(6) 不兰迦叶，学说与末伽梨相似。

他们或主张怀疑论或主张宿命论，也有的主张非道德论，其实质则是对于现实社会的批判。从思想文化的角度讲，在这种社会条件下，相应地出现了“百家争鸣”的局面。

佛教也属沙门思潮。从思想文化的渊源关系考察，佛教的产生无疑是受释迦族部族宗教和雪山以南的印度土著文化的影响；《奥义书》中的思辨和反婆罗门教的沙门思潮给予佛陀以最强烈的影响。佛陀同时代的人常称他为“沙门释子”、“沙门乔达摩”，表明他不过是当时众多的沙门思想家中的一人而已。佛陀在动荡的时代与激烈的思想斗争中成长起来。他广泛吸取当时的各种知识与思想，经过学习、批判、汲取，从而形成了自己的思想体系，由一个沙门思想家成长为伟大的宗教家。

佛陀成道后45年间奔走于中印度各地，他在世时佛教肯定有了发展，但规模尚难断定。他辞世后，佛经上说印度大陆有八个国家供奉他的骨殖舍利，即信奉他的教说。到孔雀王朝(约前324~前187年)时期，特别是阿育王时(约前268~前232年在位)，佛教得到了很大的发展。它在印度境内得到了空前广泛的传播，同时开始走出本土，成为世界性的宗教。

2. 释迦牟尼佛

释迦牟尼是佛教的创始人。在早期的佛教典籍中，并没有关于释迦牟尼生平的完整记录。释迦牟尼的主要事迹散见于佛教各部派后来编成的经、律之中，从中大体可勾勒出释迦牟尼的生平及创教活动的轮廓。

释迦牟尼，名悉达多，姓乔达摩。出生于古印度的迦毗罗卫城（今尼泊尔南部提罗拉科特附近），大约生活在前566到前486年之间，约与中国的孔子同时。释迦牟尼是佛教徒对他的尊称，释迦是古印度种族的名称，牟尼是“圣人”、“贤人”或“寂默”的意思，释迦牟尼的意思就是“释迦族中的贤人”。

释迦牟尼出身于刹帝利阶层，他的父亲是当时中印度城邦国迦毗罗卫国的国王，名首图驮那，汉译为净饭王；他的母亲摩耶夫人为当时天臂城国善觉王的长女——摩诃摩公主。在净饭王年逾五十的时候，传说年已45岁的摩耶夫人夜里梦见一头巨大的六牙白象扑向怀中，自左肋进入腹内，夫人大惊而醒，未过多久便怀有身孕。

印度古代风俗讲究妇女生小孩一定要回娘家去生产，否则就会不吉利。在摩耶夫人回娘家时，路过岚毗尼花园，花园里有一棵美丽的无忧大树。摩耶夫人走到这棵大树旁时，悉达多太子要降生了，摩耶夫人顺势将右手攀着这棵

▲岚毗尼花园(今尼泊尔境内),释迦牟尼的诞生地。离此地向西14公里就是迦毗罗卫城。图上的白色建筑物是为纪念释迦牟尼的母亲摩耶王后而建的"摩耶堂"。堂右侧枝叶茂盛的无忧树,传说摩耶王后就是抚该树动了胎气生下了释迦牟尼。堂前的水池,传说太子降生后曾在池中沐浴。堂左侧的柱子便是阿育王的石柱。

大树的树枝,悉达多就从母亲的右肋下降生了。岚毗尼花园的遗址,现在由尼泊尔政府作为古迹保护为佛教圣地。公元7世纪时,我国玄奘法师曾到过岚毗尼。根据他的记载,他曾经看到在他之前800多年阿育王在那里建造的石柱,标志着佛陀诞生之地,但当时石柱已被雷击倒,已经是衰落不堪的景象了。后来由于没有人能够认识柱上的文字,所以佛陀诞生地一直不被人知晓。直到1897年,阿育王的石柱才被人发现,考古学家才发掘出岚毗尼的遗址,还在附近发掘出了古代的城镇。

悉达多太子降生的时候,出现了很多瑞相。根据《金刚仙记》里面说,有三种奇异瑞相:一是能够运用神通妙力凌空而行;二是自然出现七宝莲花承接其足;三是行走之时足底离地四指之高。东西南北各行七步,一手指天,一手指地,说:"天上地下,唯我独尊。"音如狮子作吼,惊天动地。同时还有九条龙吐出甘露,像细雨一样从空中降下,据说我国傣族泼水节的由来就与此有关。地上又自然涌出了两个水池:一个热水,一个冷水,供太子沐浴洗澡。至今佛教寺庙,为了纪念佛的诞辰,每年农历四月初八,都举行一次规模盛大的浴佛节,这是中国佛教传统的最大节日。

据说,悉达多太子降生之时,十方世界光明普照。中国人也看到了五色祥光入贯太微星。当时,周昭王看到这一景象，惊奇万分，就问这是何征兆？大臣苏由启奏说：“西方有大圣人出世。”又说：“却后千年，圣教流传中国。”

悉达多太子降生后，有一位大臣骑着骏马飞奔回宫报喜。净饭王知道摩耶夫人生了太子，心中欢喜，就燃香请来了著名的阿私陀仙人为太子看相。阿私陀仙人双手捧着太子，从头到脚，仔仔细细看了又看，最后他把太子高高举在自己的头上，立即哇哇地哭了起来。净饭王觉得奇怪，就问仙人：“你为什么哭呀？难道太子的相有什么问题？”仙人说：“不，太子的相实在太好了，真是福慧具足，相好庄严，具足 32 相。世界上只有二人有 32 相。一个是佛，一个是转轮圣王，但转轮圣王的 32 相与佛的 32 相是不能比的。现在悉达多太子的 32 相，是相相分明，部位端正，将来一定会出家成佛的。我已经 120 岁了，等到太子成佛，说法度众生时，我是已经不在了，不能亲见佛的金身，不能够亲闻佛的妙法了，所以我感到很悲伤。”

▲ 佛陀诞生石雕像，表现了摩耶夫人右手攀着无忧大树，悉达多太子从其右肋下降生。

太子诞生之后的第七天，他的母亲摩耶夫人就去世了。佛教认为，摩耶夫人生了释迦牟尼佛，福德智慧增长，依因感果，就升到了忉利天上。忉利天也就是我们所说的欲界第二层天，在须弥山顶上，又名地居天。摩耶夫人升天之后，太子就由姨母大爱道夫人抚养长大。后来她也跟佛出家成道，是佛教历史上的第一个比丘尼，人们为了纪念她，将比丘尼住的地方称为爱道堂。

但是，净饭王希望太子将来继承王位，传宗接代，不愿他出家成佛，就想尽办法，用世界上最好的色、声、香、味、触五尘欲境来诱惑太子的清净身心，特别是从生活上羁縻他。悉达多太子16岁时，净饭王便为他娶了邻国国王之女耶输陀罗为妃，他们生了一个儿子叫罗睺罗。但这一切都没能阻止他，终于在一天夜深人静的时候，他偷偷地出了国城，进入一片森林中，换去了太子的衣服，剃去须发，成为一个修道者。

悉达多太子出家的过程充满了离奇色彩。相传，悉达多太子在17岁的时候，由于久居深宫之中，很想到外面去游玩游玩。父王就派了许多大臣和宫娥彩女，陪同太子出游。另外命令一位最有智慧的大臣，跟随太子以便顾问酬答。

太子首先要到东门花园，在路上看到一位老人发白面皱、驼背弯腰、步履蹒跚，正如唐代净土宗的实际创始人善导大师所言："渐渐鸡皮鹤发，看看行步龙钟；纵绕金玉满堂，难免衰老病残。"太子见惯了宫女们花枝招展的美妙景象，哪见过这般惨相，就问："这是什么人呀？"侍臣答曰："太子，这是老人呀。"当时太子触景生心，想到自己也会有老的一天，就感到郁闷不乐，由此就放弃了游玩的想法，回宫去了。

悉达多太子回到宫中没几天，就又请求出去游玩。这次他们到了南门，碰到一个病人，躺在路旁痛苦地呻吟着，样子十分可怜。太子又问："这是什么人呀？"答曰："这是病人呀。"眼前病人的痛苦让太子很吃惊。世界上的人，哪一个人能够不生病呢？太子想来想去，想不出一个解决病苦的办法，又感到十分沮丧，无心游览而回宫去了。佛教认为，我们的身体是由地水火风四大组合而成的，人生病是缘于四大不调造成的。常言道："病到方知身是苦，健时都被五欲（财、色、名、食、睡）迷。”不无道理。

两次出城门的经历引发了太子对人生的无限感慨。太子第三次向父王请求出去游玩，又到了西门。刚巧看到一簇人抬着一具尸体，随行的亲属嚎啕大哭，捶胸顿足，场面十分悲惨。悉达多太子就问：“那个人出了什么事？”答曰：“死了吧，您不必挂怀。”太子想到人生必有一死，心中充满了迷茫和惆怅。

太子第四次出游到的是北门，突然间对面来了一位仪表堂堂、气度不凡的沙门。那沙门身穿袈裟，一手持钵，一手拿了一根锡杖，安详地走了过来。悉达多太子见后，顿生喜悦，就对这位沙门合掌恭敬地请问：“您是做什么的呢？”答曰：“我是比丘。”太子又问：“比丘是做什么的呢？”答曰：“比丘是出家修行求道的僧人。我们出家人，一心修道，可以解决自己和一切众生的生老病死4种最大的痛苦。”太子被他的话所打动，正想再进一步向他求教，这位沙门忽然不见了。太子心中悲喜交集，有一种莫名的感动和震撼。

▲ 悉达多太子出游四门的壁画，右侧是太子见到的死者，左侧是太子见到的沙门（出家人）。

佛经上说，太子在游四门的时候，路上所看到的老病死苦和一个出家修道的比丘的种种情景，这都是净

▲ 一切义成太子(释尊)苦行雕像

消瘦的苦行僧乔达摩，静坐沉思，衣衫褴褛。环绕其头部的光轮是显赫的象征。由于太子降生时呈现一切祥瑞之相，所以就命名悉达多，是“一切义成”之意，所以又称一切义成太子。

居天人为了帮助太子出家成佛而化现出来的，作为助道因缘。

终于，在悉达多19岁的时候，他下了出家学道的决心。在二月初八的夜里他到寝宫看望了妻子和儿子，然后与仆人车匿策马出城，断然决定出家修行。当时，他发誓道：“我若不能求得正觉，度脱众生于生死海中，誓不再回迦毗罗卫城。”

净饭王曾派大臣带着侍从去追劝儿子返国回家以待将来继承王位，但诸位臣使没有办法劝他放弃出家的信念，只得留下5个人侍从悉达多，然后一行人回到迦毗罗卫城去报告净饭王。

释迦牟尼在尼连禅河边苦修6年，露天静坐思维，每天食用一麻一米，最后“身形消瘦，有若枯木”。佛祖后来悟到苦修无助于解脱，决定放弃苦行。佛祖到尼连禅河中洗去了身上6年的积垢，因身体虚弱而无力上岸，拉住了一根树枝。这时，有一位牧羊女献了乳糜（奶粥）给佛祖，释迦牟尼吃后恢复了体力。他到距离河边10里远的一棵荜波罗树即菩提树下，在一块大石头上敷上吉祥草，面向东方盘腿结跏趺坐（即脚背放在股上，脚心朝上）并发誓说：“我今若不证无上大菩提，宁可碎是身，终不起此坐。”终于在第七天（有说49天）即12月8日凌晨，明星闪现的刹那，大彻大悟，悟出了“四谛”法门。

传说释迦牟尼成佛后，又在树下静坐了7天，思考度化众生的方法。他首先想到的是离他而去的那曾侍奉他的5位大臣，于是便利用天眼通（观察十方世界的特殊能力）发现憍陈如等五人正在波罗奈城附近苦修。释迦牟尼起身到鹿野苑找到他们，为他们宣讲佛法，这就是佛教历史上所宣称的“初转法轮”。第一次宣讲的是“四谛”法门与八种正道。这5位侍者成了最早的佛弟子。后人称释迦牟尼最早度化的这五位弟子为五比丘，即我们汉族佛教所说的和尚。此时，佛宝释迦牟尼、法宝四谛圣法、僧宝比丘（和尚）三宝俱全，佛教诞生了。

释迦牟尼成道后，就四处向大众宣传自己所悟到的“真理”，他的传教区域主要集中在中印度地区，先是带领弟子到处游化，后来主要居住在舍卫城的祇园精舍（即寺庙）和王舍城的竹林精舍为众人说法。

释迦牟尼的传教充满了艰辛。有一次在某地传教，一个年轻妇女被人收买，把一只小木盆藏在怀中，到佛祖的住处纠缠，说是释迦牟尼与她私通怀上身孕后将其抛弃。正闹得不可开交之时，幸亏这个妇女不小心让木盆掉在地上，使她的诬陷谎言不攻自破。

释迦牟尼前后说法49年。到了80岁的时候，三藏（佛教典籍的总称，分为经、律、论三部分）教法已经齐备。他感觉自己的体力已经衰竭，将不久于人世，终于在出行的路上一病不起。释迦牟尼感到寿限已尽，便在拘尸罗城（今印度北方城邦境内）外的希拉尼耶伐底河边的一片茂密的娑罗林中，安置绳床，枕着右手，侧身而卧。圆寂前，他安慰大家说“有生必有死，精进勿懈怠”，然后涅槃。

释迦牟尼圆寂后，遗体被火化，其舍利（意为尸体或身骨。相传释迦牟尼遗体火化之后结成珠状物，后来也指德行较高的僧侣死后烧剩的骨头）由摩揭陀等八国分得各自建塔安奉，成为信徒们顶礼膜拜的对象。这骨灰后来又由阿育王加以重新分配，收藏在全印度建造的84000多个佛舍利塔。此为后世佛塔的滥觞。

▲ 佛陀涅槃

3. 初转法轮

释迦牟尼悟道后决定将他证悟的真理施与大众，让众生普遍受益。他首先想到的是伴随自己修行6年之久的5位侍者。向五位侍者的讲法是释迦牟尼初次说法，佛教界称之为“初转法轮”。“轮”是印度古代战争中用的一种武器，它的形状象个轮子。印度古代有一种传说，征服四方的大王叫做转轮王。释迦牟尼出生的时候，空中自然出现此轮，预示他的前途无敌。这里以轮来比喻佛所说的法无坚不摧。佛的法轮出现于世，一切不正确的见解、不善的法都将被破碎无余，所以把释迦牟尼说法叫做“转法轮”。

释迦牟尼初转法轮的地方是鹿野苑，在今天的波罗奈城。初转法轮的要旨包含了释迦牟尼的根本思想，这就是“四圣谛”、“八正道”及“十二因缘”。

“四圣谛”就是“四谛”，“谛”就是真理的意思。“四谛”即四条真理，它们分别是苦谛、集谛、灭谛、道谛。“苦谛”是说众生现实的种种痛苦现象。苦有八种：生、老、病、死、怨憎会（与不喜欢的人或事相会）、爱别离（与可爱的人或事相分离）、求不得（得不到所渴望的东西）、五盛阴（充满各种身心痛苦）。“集谛”所说明的是造成世间众生及现象世界之所以痛苦的各项原因或根据，集谛当中最重要的内容就是“业力说”。一切众生都处于不

▲佛陀初转法轮浮雕石板

断的生死轮回当中，在轮回当中遭受着种种痛苦，其原因就在于众生自身所造的业力。“业”是众生的行为或行动。众生不断地进行造作的活动，就是在不停地造“业”，而所造之“业”作为一种原因，必然会招致相应的“业果”。随业因的善恶性质不同而招致善恶不同的“业果”，循环往复，故使众生生死不断，轮回不已。“灭谛”指断灭世俗一切痛苦的产生根源，达到最高理想境界，即“解脱”或“涅槃”，也就是超脱生死的不苦境界。“道谛”指通向涅槃解脱的正确方法或途径。这些方法或途径又可概括为8种，即“八正道”。

▲金釉珐琅彩法轮　清·乾隆

法轮是佛家八宝之一，象征佛法永不熄灭，像轮子一样旋转不停。此器施金釉，饰珐琅彩。中央8根菱形轮辐代表佛祖释迦牟尼一生传教的8件大事。现藏于南京博物院。

“八正道”指八种超脱世间因果关系而达到出世间之“涅槃”寂静的一切理论说教和修习方法，又称“八圣道”。它们分别是正见（对“四谛”等佛教真理的正确见解）、正思维（也作正思、正志，指对“四谛”等佛教教义的正确思维）、正语（不说一切非佛理之语）、正业（住于清静之身业）、正命（符合佛教戒律规定的正当合法的生活）、正精进（勤修涅槃之道，亦作“正方便”）、正念（铭记“四谛”等佛教真理）、正定（修习佛教禅定，

▲鹿野苑遗址

鹿野苑中文另名为仙人论处、仙人住处、仙人堕处、仙人鹿园等，位于古迦尸国波罗奈城，今印度圣地瓦拉那西市北方。

心专注于一境，观察“四谛”之理)。佛教认为，按这八种方法修行，便可由“凡”入“圣”，从迷界此岸达到悟界彼岸。

“十二因缘”是佛教“三世轮回”的基本理论。释迦牟尼认为，世上一切事物的存在都依赖于某种条件，人的生命过程也依赖于条件，可以分为12个彼此成为因果联系的环节，名为十二因缘。十二因缘的内容是由无明缘行，由行缘识，由识缘名色，由名色缘六处，由六处缘触，由触缘受，由受缘爱，由爱缘取，由取缘有，由有缘生，由生缘老死，又称为“十二支”。若将这十二因缘配合“三世”(过去、现在、未来)说，又可概括为“三世两重因果”。即所谓过去因造成现在果，现在因产生未来果。因此，任何一种有生命的个体，在未获得解脱前，都要依这种因果规律在“三世”和“六道”(指众生依据生前的善恶行为而有6种轮回转生的趋向。六道是天、人、阿修罗、地狱、饿鬼、畜生)中生死流转。在这里，释迦牟尼是要教导人通过修习，最终摆脱十二因缘的束缚，跳出“三世轮回”而实现“涅槃”。

释迦牟尼向憍陈如、摩诃男拘利、跋提、阿说士、十力迦叶等五人宣讲佛法时，五人全神贯注地聆听，心悦诚服，向释迦牟尼顶礼膜拜，成为释迦牟尼最早的弟子。至此，佛教组织的佛、法、僧三者齐备，佛教创立。

4. 遗嘱四件大事

佛陀即将涅槃，众弟子悲痛万分。佛陀说道：“你们不要心怀忧愁苦恼，天、地、人、物只要有生就有灭。身体并非为自己所有，生命不能永恒。只要你们勤奋修行，就能够断绝痛苦的根源。为什么还哀伤不已呢？”佛陀又说：“你们应当知道我历尽诸劫，凭借四念处、四意断、四神足、四禅、五根、五力、七觉意、八圣道等法成就正觉。你们应当勤奋修习这些法门。我所说的十二部经，你们也应当好好受持思量，时时修行，并把它们传给后来弟子。”

佛陀的堂弟阿难尊者，随佛修行三十几年，对佛有深厚感情。佛陀即将灭度时，他悲伤欲绝。另一位尊者阿那律提醒阿难说：“你不要再哭了，佛灭度后，佛教的几件重要大事怎么办，你赶快去问佛。”阿难说：“什么大事呀？我实在想不出，你快告诉我！好去请佛最后开示。”经阿那律尊者的提示，阿难向佛陀提了四个问题：第一、佛在世的时候，大家都以佛为师，佛灭度后，以何为师呢？第二、佛在世时大家依靠佛，与佛住在一起，这是依佛而住，佛灭度后依何而住？第三、佛灭度后，结集经、律、论三藏教法时，在诸经之首，要讲几句什么样的话？第四、对一些恶性比丘，佛在世时，佛会设法调伏他们；佛灭度后，用什么办法对治他们？

佛陀对上面的4个问题或4件大事做了安排，佛说："佛在时，你们以佛为师；佛涅槃后，你们应当以戒律为师，严格遵守。佛在世时大家依靠佛，与佛住在一起，这是依佛而住；佛灭度后，你们要依四念处住（四念处：念是能观的智慧，处是所观的境界；一、观身不净，二、观受是苦，三、观心无常，四、观法无我）。你们向世人宣讲佛法的时候，在经典开头先加上'如是我闻'的字样，告诉大众这是你们亲耳听到佛这样讲的；在讲经的时候要说明时间、地点和参加的四众，即当说信、闻、时、主、处、众的六种成就。佛在世时，恶比丘由佛调伏；佛灭度后，你们应当用默摈的方法来对待恶性比丘，把他们在僧团中孤立起来，他们自然会离开寺庙的。"

▲ 佛立像

犍陀罗时期(公元2~3世纪) 作品，现藏印度新德里博物馆。右手残缺，原手印应为无畏印。

佛陀又告诫众比丘说："我灭度以后，你们更要严守戒律，戒律在就如同我在。持戒的人，不能进行贩卖贸易，不能安置田产，蓄养奴婢，不得进行占卜，不得参与世事，不能专门喜好结交权贵，更不得亲近人而态度不庄重。戒是解脱之根本，受持戒律，专心禅定，从而灭除痛苦而获得智慧。能够严守戒律，就有善法产生；如果没有戒律，任何善法功德都是空话。我即将灭度了，望你们早日获得正觉，并将佛法发扬光大。"

对阿难尊者所提四件大事的安排是释迦牟尼佛在临终前的最后垂训，也是佛的遗嘱。

5. 十大弟子

十大弟子是指释迦牟尼佛的10位主要弟子，又称释迦十大弟子，又名释迦十圣。他们是佛陀弟子中特别卓越的十人，能具众德而各以实践一种法门见长，所以有“第一”之称。

“头陀第一”的摩诃迦叶

摩诃迦叶，又称大迦叶。因他“能堪苦行”，有“头陀第一”之称。他生于王舍城郊的婆罗门家族，在佛陀成道后第三年出家为佛陀弟子，八日后就证得阿罗汉果，深受佛陀的信赖。

大迦叶在皈依佛陀之前，就清净修行，父母为他娶亲，他却不和妻子同床，不沾染尘世的欲望。他的妻子是毗舍离城效外迦罗毗迦村一位婆罗门富豪的女儿，名字叫妙贤。两人成亲后，新娘愁眉不展，郁郁寡欢。经迦叶再三盘问，妙贤终于吐露了真情：我本来厌恶五欲，希望净修梵行，我父亲却将我嫁给你，多年的愿望将毁于一旦。迦叶一听大喜，原来我俩是同志，我也是厌恶爱欲，希望净修梵行的。就这样，俩人作了名义上的夫妻。迦叶父母听说新婚

▲十大弟子之摩诃伽叶

夫妻分床感到不悦，就叫人拆了一张床。于是二人轮流睡眠，一人初夜中夜睡眠，一人在室内经行或坐禅。他俩就这样一起生活了12年，传为人间佳话。

皈依佛祖后，大迦叶常独自一人修行，从不惧怕狂风暴雨和日晒，经常露宿在白骨遍地的荒郊野外，在苦行的生活中培养自己的德性。他不贪名闻利养，用自己的苦行修持教化众生，因此在僧团中受到普遍的尊敬。佛陀入灭后，大迦叶成为教团的统率者。

有一次，佛陀见他年迈体弱，不忍心让他像往常一样在野外独自一人苦行修持，于是派弟子把他召来。佛陀给他赐座后劝他不要再继续苦行，把粪扫衣脱去。佛陀还告诉他应该静养，不要过度疲劳。大迦叶对佛祖的慈悲深为感激，但他不想改变自己的头陀修行。他向佛陀说道："尊贵的佛祖！头陀修行在我并不以为苦，反而感到很快乐，我不为衣愁，不为食忧，没有得失的烦恼，只有清静解脱的自在。为了给后世修行正法的人树立一个典范，我愿意不舍苦行。"佛陀听后，非常满意地说："将来正法的毁灭，不是天魔外道的破坏，而是僧团的腐化和堕落！迦叶尊者的话说得很对，要弘扬佛法，让真理之光永驻世间，就必须过严守戒法的生活。"

佛陀入灭后，迦叶主持了佛陀遗体的火化大典。事后他主持三藏圣典的结集。在结集大会上，阿难诵出经藏，优婆离诵出律藏。关于论藏的诵出，《十诵律》、《智度

▲十大弟子之阿难像(龙门奉先寺正壁)

论》说是阿难诵出；《根本有部律杂事》、《阿育王传》说是大迦叶诵出。其他人协助记诵确定佛教经典，这是佛教史上的第一次结集。据说这次结集了经、律、论三藏，这对佛典的流传起了相当重要的作用。在佛灭后，迦叶能主动挑起统理大众的重担，结集圣典，在佛教史上具有重大贡献。

“多闻第一”的阿难

阿难，全称阿难陀，汉译庆喜，是在佛陀成道之日诞生的，所以取此名。其父是白饭王，释迦牟尼的生父净饭王是白饭王的哥哥，他是释迦牟尼的堂弟。在释迦牟尼成道的那天夜里，阿难出生了，由此可见他天生跟佛有缘。释迦牟尼55岁回家乡传道时，25岁的阿难跟着堂兄出家，此后侍从释迦佛祖25年，成为“十大弟子”之一。

阿难在十大弟子中以“多闻第一”著称。平时听佛陀讲法，皆能铭记心间，终生不忘。因他博闻强记，佛祖曾称赞他说：“我声闻中第一比丘，知时明物，所至无疑，记忆不忘，所忆不忘，多闻广远，堪忍奉上，此乃阿难比丘。”释迦牟尼入灭后，五百名大罗汉聚集在摩揭陀国城外的七叶窟里，决定忆诵释迦牟尼生前所讲的一切法义。首席大罗汉迦叶让阿难升上师子座。他一人就诵出了佛陀所讲的全部经藏，功不可没。

阿难入涅槃前，他要离开摩揭陀，前往毗舍离国。当他乘船渡过两国之间的界河时，两国的国王都想把他留在本国，便发兵屯于河的两岸准备以武力争夺阿难。佛门以慈悲为怀，阿难怎忍生灵涂炭。于是，阿难做出了自我牺牲。

据《大唐西域记》载：

“阿难恐斗其兵，更相杀害，从舟中起，上升虚空，示现神变，即入寂灭，化火焚骸，骸又中析，一堕南岸，一堕北岸。于是二王各得一分，举军号恸，俱还本国，起咐堵波（塔），而修供养。”

▲ 十大弟子之须菩提

古印度拘撒罗国舍卫城人。从释迦牟尼佛出家，成为释尊的十大弟子之一，以解空第一著称。须菩提每次总是去有钱人家里化缘，因他同情穷人的贫困，而大迦叶却向穷人化缘，因大迦叶要给穷人集善的机会。佛陀知道后，斥责他们的心不均等，不合佛家法规，从此，和尚化缘不再责富挑贫。

“解空第一”的须菩提

须菩提，又作“须浮提”、“苏补底”，意译为“空生”、“善吉”等。须菩提自幼聪慧出众，只是性情暴躁，整天瞋怒谩骂周围的人，闹得父母亲友都很厌烦他。须菩提无法在家居住，便离家进山林中独居。传说一位山神引他到佛的住处，佛陀给他讲解瞋恨的祸患及果报，须菩提听后如梦方醒，忏悔谢罪。此后，经过多年精进修习，须菩提终于获得阿罗汉果，成为罗汉。

在佛陀的众多弟子中，须菩提最善解空理，被誉为“解空第一”。在佛陀说法会上，他常担任佛陀的提问者。在佛陀讲解般若法会上，能够发挥究竟的空理，对其能彻底领会的，也首推须菩提。

一次，众弟子不知道佛陀的去向，当佛陀返回时，众弟子都理好衣服前去迎接。第一个见到佛陀的是莲花色比丘尼，可佛陀告诉她："莲花色比丘尼！第一个迎接我的不是你，而是须菩提尊者，因为他观察到诸法的空性，只有见法的人才能第一个见到佛陀。"

事情也正如佛陀所说。当时须菩提正在缝补衣服，当他听到佛陀到来，当即放下衣服，想去迎接。但他又停住脚步，心想：佛陀的法身不是眼、耳、鼻、舌、身所感觉到的，我去迎接佛陀，这不是把佛的法身当作四大（地、水、火、风）的和合了吗？这是没有认识诸法的空性，不认识诸法的空性，就见不到佛的法身。法性无处不在，佛的法身也是无处不在的，我奉行佛的教法，不该被事相所迷。

须菩提对性空的真理有深刻的了解和认识，他以"解空第一"的盛名，在僧团中受到大家的尊敬。

"神通第一"的目犍连

目犍连，又称大目犍连，婆罗门种姓。他从小就和舍利弗交情甚厚。他们皈依前各自带领250名徒众刻苦修行。他与舍利弗曾有约在先，谁先悟道解脱，就一定要告知对方。后来，舍利弗得逢佛陀开示，证悟到诸法无我的境界，并把自己的经历告诉了目犍连，目犍连于是率领弟子一同皈依释迦牟尼，他得到佛陀的教化，历经一月，证得阿罗汉果位。

目犍连耳能听到任何声音，不分远近；眼能看到所有法界的事物，不分内外，包括人心里的念头。他还能"神足轻举，飞到十方"，故被尊为"神通第一"。

一次，颇有姿色的莲花色受到外道的指使，用妩媚的姿色勾引目犍连，目犍连一眼就看破了莲花色婀娜多姿遮

▲乔达摩佛陀坐在世界上方的高座上，他的弟子舍利弗和目犍连侍立在侧。佛陀右手触地，呈触地印。

掩下的过去的悲惨遭遇和用色相勾引男人的复仇心理。原来莲花色女有着很深的痛苦经历，她仇恨所有的男人，她不相信感情，她曾经是一个美丽纯洁的姑娘，16岁时父母为她找了一个夫婿。不久，她的父亲去世了，她的母亲竟和她的丈夫私通。莲花色知道真相后，感到羞愤交加，丢下幼小的女儿，只身一人在外面漂泊，几年后再次嫁给一个经商的男人，过了几年幸福的日子。她的丈夫在一次外出经商时，花了很多钱买了个小妾，让她惊异的是这个小妾竟然是她和第一个丈夫生的女儿。命运如此捉弄她，从此她彻底绝望了。她开始用自己的色相报复这个世间，勾引男人，做起了卖笑的淫女。目犍连并没有轻视她，知道她此刻已经有所悔悟。他同情地对莲花色说："你前半世虽然经历了一段苦难的因缘，但若能依着佛陀的教化而行，即可获得新生，现在你的机缘已经成熟，跟我一起去见佛陀吧！"就这样，莲花色女做了佛陀的弟子。

目犍连弘扬佛法，度化众生，遭到外道的嫉妒，一次他经过伊私阇梨山下，被裸形外道用乱石打死。他是佛教史上第一个为了传播佛法流血殉教的人。比丘们请问佛陀，目犍连神通第一，他为什么不用神通与外道对抗？他为什么不躲避外道的暗算？佛回答他们说：神通敌不过业力，肉体是无常的，业报是要了结的。原来，目犍连过去生中，捕鱼为业，不知有多少生命丧在他的手中。目犍连以短暂的色身，换来无限的真理，堪称佛门龙象。

“议论第一”的迦旃延

迦旃延是南印度阿槃提国人，他最初也是跟随外道修行，后来皈依了释迦牟尼，成了“十大弟子”之一。因为他最善于分别诸经，分析法义，擅长说法，所以在佛的弟子中被誉为“议论第一”。

迦旃延度化众生的故事很多，最著名的是教一位老妇人“卖贫”而生天的故事。佛经记载，阿槃提国有一个大财主，为人吝惜凶狠，有一个丫环从小就给他家干活，起早贪黑，不敢有任何怨言，即便如此仍免不了挨打受饿；到了老年，更是衣衫褴褛，终不饱食。有一天，她来到河边痛哭一场，准备跳河自尽。此时，迦旃延化缘路过此地，问清缘由，便对她说：“你这样贫穷，为什么不‘卖贫’呢？”老妇人迷惑不解地问：“贫穷也能卖？又有谁会买贫呢？”迦旃延说：富人前世布施修福，才能享受今生的富贵；贫穷者所以贫穷，是前生没有布施修福。你现在对我行布施，不是等于将贫穷卖给我吗？妇女听后，知道发财致富之道，但现在一贫如洗，怎样行布施呢？迦旃延将钵交给妇女说：你盛一钵水给我不就是行大布施了吗？这位老妇人便照着他说的一一去做，在这天的午夜，天放光明，大地震动，她的虔诚感动了天地，随后，这位老妇人结束了这一世的苦难，转生到忉利天中，与五百天女一同娱乐游戏，幸福无比。

迦旃延的教化方法，善于个别谈话。他在摩陀罗国教化时，国王指责他说：“你是婆罗门种姓的人，却做了刹帝利种姓出身的佛陀的弟子，不感到屈辱吗？”迦旃延回答说：“每个种姓的人都有善有恶。例如婆罗门种姓中，杀生、邪淫、邪见，造种种恶业的人很多，这能说明他是高贵人种吗？可见人的贵贱与否，不在人种的优劣。”后来，国王听了他的劝说教化，皈依了佛门。

迦旃延除主张种姓平等外，还主张老年与青年平等，如他在婆罗奈乌泥池和比丘一起进餐时，有一老婆罗门倚杖走来，大家纷纷起立让座，唯有迦旃延装作没有看见的样子。老婆罗门对婆罗门教出身的迦旃延改信佛教已经满腔怒火，今又见他如此无礼，气得暴跳如雷，用手杖指着迦旃延的脸责问说：“你为什么这样目中无人？”迦旃延很温和地说：“从你的粗鲁举动和讲话的声音来看，你不配称为长者，也不值得人们的尊敬。你的贪瞋烦恼很重，虽然活到八九十岁，只能是白活。”老婆罗门听了迦旃延的话，自知理亏，默默地走开了。迦旃延说法的特点，是一把钥匙开一把锁，针对人们思想上的具体问题，予以开导，不作空泛无益的戏言。

“天眼第一”的阿那律

阿那律是释迦牟尼的堂弟，他是释迦牟尼的叔父甘露饭王之子。释迦牟尼成道以后回家弘扬佛法，阿那律钦佩佛陀的道行，于是跟随佛陀出家，并成为佛的“十大弟子”之一。

阿那律虽然有天眼第一的神通，可他本人却是个盲人。据《楞严经》记载，由于他是王子，出家不久，无法适应沙门的苦行生活，常常贪睡耽误修行。对此，佛陀非常生气，指责他说：“咄咄汝好睡，螺蛳蚌蛤类，一睡一千年，不闻佛名字。”阿那律受到刺激，下决心要克服这个贪睡的毛病，连续七天七夜不睡觉苦行佛法，最后把眼睛累瞎了。后来在佛陀的指导下，阿那律日益精进，终于证得了天眼的神通，成了僧团中的千里眼。十方世界（东、西、南、北、东南、东北、西南、西北、上、下）在他看来就像掌中的摩罗果（形如胡桃）一样，我们居住的地球就像他掌中的一个核桃，而且看起来还细致入微。由于他对大千世界看得清楚明白，这就使得他心胸豁达，容易和任何人相处。他认为：道是从少欲、知足、寂静、正念、正定、精进、正慧、无戏论等八种方法得来的。

佛陀入灭前，问众弟子："我说的四谛、十二因缘，是我证悟的真理。它是世间的明灯，苦海的慈航，入道的法门，证果的要道。谁对此有疑问，赶快提出，当为解脱。"阿那律起身合掌恭敬地对佛说："我们都坚信四谛、十二因缘法是宇宙人生的真理。"阿那律的话安慰了佛一生说法的苦心，佛陀微笑着进入了涅槃。

"智慧第一"的舍利弗

舍利弗，又名舍利弗多罗，亦名舍利子。他16岁时就能用言语辞令说服其他的理论家，同族的子弟都跟随他，向他学习。他年少时就与目犍连结成好友，他们经常结伴游历，寻师访友，求学问道。舍利弗先皈依佛陀，后又告知目犍连入佛之事，使目犍连率众徒归顺佛陀，壮大了佛教的势力。

传说舍利弗行菩萨道，不但愿意把所有的财产布施与人，甚至连生命也在所不惜。一天，一位青年对他说：母亲患有不治之症，医生说要一位修道者的眼球作药引，才能治好母亲的病。舍利弗立刻把左眼取下，交给青年。青年接过眼球说："医生说要右眼。"舍利弗接着又挖出右眼

▲舍利弗，盛唐，敦煌莫高窟第 46 窟

球交给青年。青年接着眼球放在鼻下嗅了一嗅说：“你是一个什么修道人？眼球臭得难闻！”扔在地下，用脚一踩，拂袖而去。舍利弗感叹道：“众生难度，菩提心难发，菩萨行难行，我还是当一个自了汉算了。”立即便有人对舍利弗说：“刚才那位青年是你的大善知识，是考验你的菩萨行是否坚定。你不应退失菩提心，应更勇猛精进，上求佛道。”舍利弗从此以后，更加坚定菩萨的行愿。

舍利弗皈依佛陀后，常伴随在佛陀左右，帮助佛陀度化众生。在诸多弟子中，他的智慧超群，《增一阿含经》说他“智慧无穷，决了诸疑”。据经典记载，舍利弗通晓外道典籍，常常用他那超绝的辩才摧伏赤眼婆罗门外道，使须达多长者皈依佛陀，并耗巨资修建祇园精舍。

在佛陀晚年的时候，提婆达多企图盗取佛陀所讲的“五法”另立僧团，并带着没有觉悟的 500 比丘逃到伽耶山中，舍利弗与目犍连立即追赶到山中，舍利弗用他的智慧说服和劝导了 500 比丘，让他们明白了所犯的错误，返回归途皈依佛陀。

佛陀在毗离城附近的森林中说法后，公布了一个惊人的消息：3 个月后就要入涅槃。舍利弗在禅定中思维：过去的诸佛，上首弟子都在佛陀以前入涅槃。我是佛陀的上首弟子，应先佛陀而进入涅槃。他的这一想法得到佛陀的同意后，就回到故乡，拜见了百岁的老母亲后，在其诞生的屋中入灭。

“密行第一”的罗睺罗

罗睺罗，又译“罗护罗”，意思是“障月”。罗睺罗是释迦牟尼未出家前生的儿子，据说罗睺罗出生时正赶上朔日，也就是月亮被遮住了，所以叫他罗睺罗。

释迦牟尼成佛后，曾回到家乡。他唯一的儿子罗睺罗愿意跟从父亲出家，做了小沙弥，此为佛教有沙弥(小和尚)之始。

罗睺罗刚出家时常爱说谎骗人，自己寻开心。佛陀知道后，特把他叫来，为他讲诚实的重要性。

▲ 佛与罗睺罗，宋，麦积山第133号前侧

一天，佛陀洗完脚，问他：“这盆里的水能喝吗？”

“洗脚水污秽，怎么能喝呢？”

“你就和这洗脚水一样！你本是王孙，出家做了沙弥，不清净身心，不守口慎言，而是开玩笑骗人，三毒的污秽在你心中，如同干净的水里有了污秽一样。”佛陀说完把盆轻轻一踢，盆子滚动起来，罗睺罗害怕起来。

佛陀问他：“你怕把盆子踢坏吗？”

“不是，脚盆不是什么值钱的东西，坏了也不要紧。”

“罗睺罗，你不爱惜这个盆，等于大家也不爱护你、珍惜你，命终的时候也不能觉悟，只能是更加迷惑！”

罗睺罗听了佛陀的教诲，全身冒汗，无地自容，发誓持戒修行。

罗睺罗一天听佛说法回来，房间被别的比丘占去了，并把他的衣钵等物扔到门外。当时又落起滂沱大雨，罗睺罗只好到厕所里坐禅，一切低洼处的蛇洞被水淹没，藏在洞里的蛇纷纷逃去，威胁到罗睺罗的生命。佛知道这一情况后，立即将他喊到自己的房间内。本来戒律规定比丘和沙弥不能同住一个房间，现在重新规定比丘和沙弥在一室可以同住两夜。

有一次，罗睺罗与舍利弗在王舍城乞食，一个无赖将沙子投进舍利弗的钵内，并用木棍打破了罗睺罗的头。舍利弗教导罗睺罗说："受侮辱时候，不能心生瞋恨。我们要制伏瞋恨心，严守忍辱。"罗睺罗深知忍辱德行的可贵。

因为罗睺罗"不毁禁戒，诵读不懈"，三千威仪、八万细行，大众不知，唯其知之，故被称为"密行第一"，是佛祖的十大弟子之一，也是著名的十八罗汉之一。

"说法第一"的富楼那

"富楼那"是"富楼那弥罗尼子"的简称，意译"满慈子"。在佛陀的十大弟子中，富楼那以"说法第一"著称。他最善分别义理，广说佛法，而且辩才极为出色。

富楼那向广大听众宣讲佛教义理，有说有唱，抑扬顿挫，有时还穿插民间故事和传说，讲得生动有趣，使广大听众听后信服而皈依佛门。因闻其说法而解脱得度者，竟多达99000人。因此，他被誉为"说法第一"。

当时，印度西方有个输卢那国，据说那里的人民"凶恶轻躁，弊暴好骂"，是弘扬佛法最难的去处，富楼那偏要到该国弘法化度。他向佛陀表示了自己的决心，得到了佛祖的鼓励和赞扬。佛陀考验富楼那说："假如那里的人，不肯接受你的说教，反而破口大骂怎么办？"富楼那答："他们只是骂我，还不曾用棍棒打我，说明还不十分野蛮。"佛又问："假如他们用拳头、瓦石、棍棒打你呢？"富楼那答："他们只是用拳头、瓦石、棍棒打我，还没有用刀杖刺伤我，我觉得他们还是很好。"佛问："假如用刀杖刺伤你呢？"富楼那答："说明他们还有人性并没有残酷地把我打死。"佛紧逼着问："假如他们把你打死呢？"富楼那答："那我太感谢他们了，他们杀害了我的色身，帮助我进入涅槃，帮助我以自己的身体和生命报答佛恩。"佛听后称赞说："富楼那，你真是为了说法，不惜一切代价。有了这样的思想准备，你可以动身到输卢那国去传法度人了。"富楼那在输卢那国经过艰苦的工作，终于建立了为僧众说法的500伽蓝（寺院）。

"持律第一"的优婆离

"优婆离"又作"优婆利"、"优波离"，意译"近取"、"近执"。优婆离出身于第四种姓（首陀罗种姓，属社会最底层），在王宫做理发师，因他善良，得到释迦王室信任，遂命他在王宫为王子们理发。他想出家当和尚，又恐自己出身低贱而佛门不收，痛苦的煎熬使他泪湿面颊。舍利弗看到了，问明原委，对他说："你不用悲伤，佛法平等，不分贵贱，我带你去见佛陀，佛陀一定会收你为弟子的。"佛陀果然同意收他为徒。这体现了释迦牟尼佛所倡导的"四姓平等"的思想。优婆离精进修行，后来成为著名的十大弟子之一。

优婆离以奉持戒律最为严谨著称。《增一阿含经》卷三说："奉持戒律，无所触犯，优婆离比丘是。"故其为

▲十大弟子之优婆离

“持律第一。”《智度论》卷二称，优婆离“于五百罗汉中，持律第一”。

据说，因优婆离是持律模范，佛陀寂灭后，在佛教第一次结集时，由他诵出了律藏。参加结集的长老，对他的记忆力的惊人，佩服得五体投地。有一天优婆离问佛：“比丘、比丘尼是否可为社会上男女做媒？”佛答说：“若比丘、比丘尼持男意至女边，持女意至男边，乃至介绍一交会，就犯僧伽婆尸沙罪，须要悔过。”戒是规范身心，防非止恶，而男女问题最易给人带来烦恼和不安，所以在戒律中对此限制尤其多。优婆离的一生，是在处理僧团的纠纷，向佛陀请问戒律中度过的，堪称戒律权威。

6. 三藏圣典结集

结集，有集合、会诵的意思。佛陀一生的教诫，本无文字记录，但在他的弟子群中口耳相传，背诵记忆者，为数甚是可观，其中也少不了后学者的自我创作。把这些以佛陀名义流传的教诫汇集起来，经过各地比丘集会共同讨论协商，最终形成大家一致认可的经典。

根据史料记载，佛教史上先后有过四次结集，经过不断演绎、增删，经、律、论三藏圣典始告完备。

第一次结集在七叶窟（七叶窟又名七叶树窟、七叶穴、七叶岩、七叶园等等。位于印度王舍城附近毘婆罗山中之石窟，为王舍城五精舍之一）举行，将佛陀所说的教法经过会诵、整理、确认，形成佛教经典。当时佛陀传授教义只凭口头传诵，心口相传。但是，仅凭记忆容易产生误差，因此在释迦牟尼逝世后不久，由释迦牟尼的大弟子摩诃迦叶主持，由阿难诵出佛陀一生所说的言教，并由优婆离诵出了佛陀为僧伽团体所制的律仪戒规，由此形成了佛教的“经”和“律”。

第二次结集发生在佛陀逝世百年后，这次结集起因于佛教僧团中对于戒律的不同看法而引起的激烈争论。耶舍长老召集了700上座僧众举行了规模较大的经典结集，认

▲ 七叶窟：佛教历史上第一次佛教弟子聚会处。位于印度王舍城附近毘婆罗山中。

为东部跋耆族比丘提出的新十条戒律不合传统的戒律，必须废除；为了统一认识，对经、律的内容必须进行重新确定，以防被人篡改、歪曲。他们的结集在历史上被称为“七百结集”（因有700人参加结集集会）。而坚持新十条戒律的跋耆族僧团也针锋相对地举行了另一结集佛教经典的集会，也用会诵的办法对经、律进行核定，确定十件事为合法。他们的结集在佛教史上被称为“大众结集”（因有万人参加结集集会）。

第三次结集发生在佛陀灭后235年之际。在阿育王的支持下，由目犍连子帝须主持，召集了1000比丘众参加，对佛教经、律、论三藏，主要是上座部的三藏进行重新会诵、确认。

第四次结集发生在佛陀逝世后约400年。迦腻色迦王接受了胁尊者的建议，在迦湿弥罗（今克什米尔一带）举行了一次佛教经典的结集。这次结集由胁尊者主持，以世友菩萨为上座，共有500人参加，主要是论藏的结集。相传迦腻色迦王命人建塔封藏，以传后世。

7. 部派佛教

部派佛教是对原始佛教分裂出来的各个教团派别的总称。佛陀逝世一百年后，佛教教派开始发生分裂。最初分裂为上座派和大众派。

据北传佛教《异部宗轮论》等记载，佛教的分裂主要是由于对佛教修行果位“阿罗汉”的看法不同。当时一个名叫大天的比丘认为，只有佛才是至善至美的，而阿罗汉却非完美无缺，而是仍然有着五种局限：(1) 仍有生理欲望；(2) 仍有“无知”；(3) 对教理和戒理还有疑惑；(4) 还需要得到佛的指示；(5) 若不发出“苦”的叹声，仍有无常、痛苦的感受。这种新见解遭到了长老们的反对，却得到了众多比丘的附和，反对派的长老们构成了上座部的阵营，赞同的多数僧徒构成了大众部阵营。

上座派固守佛教原有的教义、戒律，墨守成规，不能使佛教原有的教理、戒律适应变化的社会需要。而大众派根据当时印度东部地区经济比较发达，私有经济已迅速发展的情况，提出变革佛教不蓄金银钱财、僧团财产共有等戒条，以使佛教在这些地区得到广泛传播与发展。

大众派的新教理和对原佛教戒律的新阐述反映了佛教向印度纵深传播的趋势。凡是流向新的民族和地区的佛教，必然带上该民族、该地区的新色彩。大众派就是在弘扬佛教，使佛教向印度社会纵深发展的情况下，提出佛教的新教理和新戒律的。

另外，两派对于佛陀的理解也存在分歧。上座部一般坚持原始佛教的看法，即认为佛陀是一个历史人物而不是神，他的伟大主要在于他思想的正确、智慧的精湛、人格的崇高。而大众部则把佛陀神化，认为佛陀具有无限量的寿命和无边的法力。事实证明，只有承认了佛陀的无限神力，才使佛教具有了适应印度各地区、各民族发展的需要的能力，才能使佛教显现出整治社会的功效。

关于心性及其解脱问题，部派佛教也曾有过许多争论。大众部一般都主张“心性本净，客尘所染”，认为只要去除所染，恢复本净的心性，即为解脱。上座部的说一切有部坚决反对“心性本净”，他们把心分为净心与染心两种，所谓解脱就是以净心取代染心。上座部中的化地部、法藏部则认为“心性本净”，持与大众部相近的观点；但他们又否认客尘对心性的染污，与大众部的“心性本净”说大相径庭。

上座部的各派比较侧重于说“有”，即肯定心法与色法(精神现象和物质现象)都是实在的。如说一切有部主张“法有我无”，即认为万法皆因缘而有，没有常恒的主宰(我)。犊子部则进一部主张“我法俱有”，即认为万法及其主宰（我）都是实有的。这些观点与原始佛教的无常说和无我说都是相对立的。

大众部的各派一般都比较偏重于说“空”，对现实世界持否定的态度。例如一说部主张“诸法俱名论”，认为世间法、出世间法全是假名，一切法都无有实体，都是不真实的。

部派佛教争论的问题及其提出的观点，对大乘佛教的兴起与发展产生了深刻的影响。大乘佛教正是在部派佛教争论的问题的基础上创建自己的理论体系的。部派佛教各派的观点和理论是印度佛教由原始佛教走向繁荣的一个过渡阶段，它为后来大乘佛教的出现奠定了理论基础。

8. 大乘佛教

大约在公元一世纪左右，印度佛教内形成了一些具有新的思想学说和教义教规的派别。这些佛教派别自称他们的目的是“普度众生”，他们信奉的教义好像一只大船，能运载无数众生从生死此岸到达涅槃解脱的彼岸世界，从而成就佛果。所以，这一派自称是“大乘”，而把原来的原始佛教和部派佛教一概贬称为“小乘”。

大乘佛教在印度本土有 3 个发展时期：（1）初期大乘。约 1 至 5 世纪，集中阐发“假有性空”的理论，逐步形成由龙树、提婆创始的中观学派。（2）中期大乘。约 5 至 6 世纪出现，以讲如来藏缘起和阿赖耶识缘起为特点，集中阐发万法唯识的观点，形成以无著、世亲为始祖的瑜伽行派。（3）后期大乘。7 世纪以后，佛教义学逐步衰弱，密教起而代之，形成密教经典。这 3 个时期的各派论著大都保存在汉、藏文译本中，少数仍有梵文。13 世纪后，佛教在印度绝迹。

大乘佛教主要从体空的角度讲空，认为事物在本质上就是空，没有离开空性的事物，也没有离开事物的独立的空，要求即空观有，即有观空。而小乘佛教是从分析的角度讲空，认为事物之所以空是因为组成它的部分有可能离散。大乘佛教主张通过修“六度”（布施、持戒、忍辱、精进、禅定、智慧）等菩萨行来达到成佛的目的，并在修菩萨行中普度众生；小乘佛教则强调修习“三学”（戒、定、慧），以取得阿罗汉果位为目的，主要是求得自身的解脱。

大乘佛教不要求一定出家，重视与世俗生活的密切联系，主张为使众生脱离痛苦而不离世间；而小乘佛教强调出家或出世。

大乘佛教一般把佛陀描绘为全知全能、威力无比的神，将佛陀神化；小乘佛教中有代表性的部派一般则把佛陀看作掌握佛法的最高教主。

由印度本土传出的大乘佛教，属北传佛教，主要指中国佛教汉、藏两大系统。汉传佛教始于东汉末年的支娄迦谶的佛经翻译，魏晋佛教显学“般若学”盛行，此后鸠摩罗什传“三论学”，佛陀跋陀罗、昙无谶等传涅槃学，菩提流支、真谛等传唯识学，大乘佛教遂占据中国佛教的主导地位，且内容日益丰富，增添了中国固有文化的色彩。

9. 龙树、提婆

龙树或龙树菩萨，是佛教中观派的创始人，生于佛灭后七八百年左右（4世纪），南印度维达婆国婆罗门家族，被中国多数宗派奉为祖师，在佛教史上具有很高的地位。龙树菩萨造大乘经典注释，建立大乘体系，使大乘般若性空学说传布全印度，在佛教历史上有“千部论主”之称。

龙树自幼学婆罗门圣典，至于“天文地理、图纬秘谶及诸道术，无不悉综”。后皈依佛教，精通三藏。曾入雪山佛塔，遇一老者授以大乘经典，从此周游诸国，寻经问道。与“外道”辩论，皆获胜利。时南天竺王信奉婆罗门教，攻击佛法，龙树乃前往教化，使他皈依佛教。在南天竺王的推动下，大乘般若性空学说风靡全印度。龙树死于“小乘法师”的迫害。其著作的汉译本主要有《中论》、《十二门论》、《大智度论》等。三论宗、天台宗均以龙树为印度之祖师。

龙树把早期的般若思想组织起来，形成了一个严密的宗教哲学体系。龙树的思想从般若空观出发，阐述了般若性空的道理。《中论·观因缘品》开首的“八不”颂曰：“不生亦不灭，不常亦不断，不一亦不异，不来亦不去。”“八不中道”说是“中观学派”观察事物的方法，依据这种

▲龙树菩萨

观察方法，任何事物都是无自性的，所以是“空”的。实质上，龙树的哲学是对有部为代表的小乘实在论的批判。龙树的大乘论在印度得到了很大的发展，印度佛教由此从小乘时期转入大乘时期。

提婆出生于狮子国（今斯里兰卡），原为王子，后放弃王位出家，学婆罗门学说，学识渊博，辩才绝伦。因仰慕龙树声名，从狮子国到拘萨罗去拜龙树为师，开始学习和弘扬大乘佛教。

提婆在佛教大乘哲学上发展了龙树的学说，提出有为法空，无为法亦空，诸法空不可得。但他并不只是消极地解释龙树的空观，而是进一步提出了“破想”的正观。所谓“破想”，不单是破除主观的想象能力，而且也是从根本上破除客观上的存在。他提出“真假”来解释龙树的二谛说，认为凡用语言表达的法都是假有，离名言概念的法才是真有。假有即“俗谛”；真有即“真谛”，又称“胜义谛”。在破斥外道方面，他比龙树的“破邪即显正”的观点更进一步；主张说空必须一切皆空，破斥时必须破而不立。把龙树的破有破无而得中道的两分法改进为三分法，即在破有破无之外，再破亦有亦无，从而达到“破想不破法”。

提婆对龙树中观学说的传播起了重要作用，对中国佛教的三论宗、天台宗等有较大影响。

10. 无著、世亲

无著，约生活于公元4至5世纪，是印度大乘佛教瑜伽行派创始人之一。他出生于北印度犍陀罗国娄沙富罗（今巴基斯坦的白沙瓦），属婆罗门种姓。初习小乘，在"说一切有部"出家；又从宾头卢学习小乘空观理论，其后在中印度阿踰陀国改信大乘，据称曾从弥勒学习《瑜伽师地论》，从此专门研修唯识思想，并劝导其弟世亲也放弃小乘，改信大乘。兄弟俩同时成为唯识论的奠基者。

无著认为阿赖耶识是一切诸法的根本，也是生死轮回的主体，具有能藏、所藏和执藏三种性质。能藏，即把一切事物生成的原因藏于自身，他保存一切种子，形成宇宙万有的潜在状态，并和宇宙万有的显现状态互为因果关系；所藏，是指对唯识论中的第七识——末那识而说的；执藏，谓第八识恒被第七末那识妄执为实我、实法，故又称我爱执识。

他分析了诸法的三性，即遍计所执性，依他起性和圆成实性。认为遍计所执性是一种虚妄的存在，是由于人们对外界事物的迷惘而赋予它的名称；依他起性是一种相对的存在，事物本身并非永恒的存在，而是由因缘或条件引起的；圆成实性是一种绝对的存在。

▲ 无著

在修行方面，他主张勤修布施、持戒、忍辱、精进、禅定、智慧，逐步证悟，最后达到涅槃的最高境界。无著理论对瑜伽行派和中国法相宗等宗派影响较大。

世亲，约生活于公元 4 至 5 世纪，是大乘佛教瑜伽行派理论体系的建立者之一，无著的弟弟。初习小乘，在说一切有部出家，曾去迦弥罗国精研该部教理 4 年。据说他博学多闻，遍学小乘 18 部，虽宗有部，却不拘泥于有部的说法。他的名著《俱舍论》便收有经量部的思想。世亲原斥大乘为非佛说，后经劝导，改宗大乘，成为唯识理论的奠基者之一。

世亲认为外境本来并不存在，只是识的显现，由于识生起的作用，转变成为心的对象，如同病目见空华，由此印证了他的“识生似外境现”的思想。他的上述思想在《唯识二十论》和《唯识三十颂》两部书中进行了充分的阐明。他的这两部著作，集唯识思想的精华，也是唯识学说发展的高峰。

世亲把宇宙万有分为心法、心所有法、色法、心不相应行法、无为法等 5 类，进而细分为 100 种，以此说明心法是识自体，心识相应，色法是心识所变现，心不相应行法是区别于心、色的假立，而无为法则是前 4 类断染成净的最终结果。他认为一切众生按善恶种子不同分成声闻、独觉、如来、不定种性、无性有情等 5 种，其修持结果也因此而不同。他的学说对后世影响甚大，为印度大乘佛教瑜伽行派和中国佛教法相宗所遵奉。

11. 中观学派

中观学派亦称“大乘空宗”，与瑜伽行派并称为印度大乘佛教的两大派别。约3世纪时由龙树及其弟子提婆所创，后为佛护、清辩所发展。因宣扬龙树的中道而得名，在6世纪大乘佛教末期形成学派。

中观派发挥了般若经的思想，认为世界上的一切事物以及人们的认识甚至包括佛法在内都是一种相对的、依存的关系（因缘、缘分），是一种假借的概念或名相（假名），其本身没有不变的实体或自性（无性）。所谓“众因缘所生法，我说即是空，亦为是假名，亦是中道义”。

中观派认为由世俗的名言概念所获得的认识，都属于戏论范围，被称为“俗谛”；只有按照佛理去直觉现观，才能证得的诸法实相，被称为“真谛”。从俗谛说，因缘所生法，一切皆有；从真谛说，这一切都没有自性，即“毕竟空”。《中观·观四谛品》说：“若不依俗谛，不得第一义；不得第一义，则不得涅槃。”这种在理论上把性空和方便统一起来；在认识上和方法上把名言同实相、俗谛和真谛统一起来的不着有无二边的观点，即所谓“中观”。

中观学派用“八不”揭示认识尤其是概念的内在矛盾。《中论》开首的“八不”颂曰：“不生亦不灭，不常亦不断，不一亦不异，不来亦不去。”“生灭”、“断常”、“一异”、“来去”是表达现象存在和变化的最普遍的范畴，是就缘起诸法的假相立名，而众生把它执着作实在，堕于无因邪因断常等诸见中。所以龙树论师对于缘起诸法说“八不”，否定这些实在论的见解。诸法实相的妙体，由“八不”而显，洗颠倒之病，令毕竟无遗，即是中道实相。

到瑜伽行学派盛行之后，又出现了佛护、清辩两家，坚持龙树、提婆之学。佛护有《中论注》，清辩亦有《中论注》。他们都不同程度地承认因明在破、立上的作用，并加以运用；主要是坚持本宗的“二谛”说，反对瑜伽行学派的三自性说。其后，佛护一系有月称，坚持“无自性”说和只破不立的方法论，反对瑜伽行派有心无境和清辩以因明立论的方法，名“随应破派”；清辩一系则称“自立量派”。

中观学派对三论宗、天台宗、华严宗、禅宗等中国佛教影响很大，他们均以此派的经典学说为立宗的主要依据。

12. 瑜伽行派

瑜伽行派，亦称“大乘有宗”，与中观学派并称为印度大乘佛教的两大派别。约公元4至5世纪时由无著、世亲兄弟创立，尊弥勒为师祖，主张“万法唯识”，故又名“唯识派”。

瑜伽行派主张“内识生时，似外境现”，即认为心识产生以后有一种作用，能把识的一部分转变为识的对象，因而万事万物都是心识的变现，本身并非真实的客观存在。他们把识分为8种：有分别及思虑作用的眼、耳、鼻、舌、身、意前六识，作为潜在的自我意识的第七识末那识以及第八识阿赖耶识。他们根据唯识道理，用遍计所执性、依他起性、圆成实性的“三性说”解释一切认识现象的有无和真假，把佛教修习的全部目的归结为阿赖耶种子的转依。在论证唯识无境和指导宗教生活上，完成佛教名相分析系统，建立所谓“五位百法”，并发展了佛教逻辑“因明”的方法。

他们提倡“种姓”说，即认为众生先天具有的本性有5种，由阿赖耶识中种子决定，不可改变。据《楞伽经》卷二、《解深密经》卷二，即：（1）菩萨定姓（定性菩萨）；（2）独觉定姓（定性缘觉）；（3）声闻定姓（定性声闻）；

▲ 那烂陀寺，该寺建于笈多王朝时期，是古代中印度佛教的最高学府和学术中心，在古摩揭陀国王舍城附近，今印度比哈尔邦中部都会巴特那东南90公里。该寺规模宏大，曾有多达900万卷的藏书，历代学者辈出，最盛时有过万僧人学者聚集于此。631年，中国唐代高僧玄奘历尽艰险来到那烂陀寺，潜心在这里研习佛经多年。那烂陀遗址现为重点保护的历史纪念圣地。

以上3种统称“三乘”，一定会相应地达到菩萨（或佛）、辟支佛、阿罗汉的果位；（4）三乘不定姓（不定种姓），指具有三乘本有种子，但究竟会达到什么果位，还不一定；（5）无姓有情（无种性），永远沉沦生死苦海，虽然可以修生为人或转生天界，却永远达不到佛教解脱。

六世纪后，该派以印度那烂陀寺为中心，先后出现过许多学者，形成了两大派别：（1）以难陀、安慧为代表的“唯识古学”。难陀首先在“唯识无境”基础上提出见分、相分二分说，但认为相分不实在。安慧继承难陀，进一步认为还有第三分“自证分”，且唯以此分为实有，其余二分“情有理无”。因二人皆否认相分真实性，见分也无其行相，故其学说称“无相唯识说”。（2）以陈那、护法为代表的“唯识今学”。陈那首提三分说，护法又立“证自证分”，成四分说。二人皆主张相分真实有体，见分取相分为境时，见分上会生起相分之“行相”，故亦称“有相唯识说”。

中国南北朝时菩提流支和真谛所传，基本上属唯识古学；唐玄奘主要传译唯识今学。随着社会的发展，瑜伽行派后与中观派合流成瑜伽中观派，最终融合在密教中。

13. 密教的流行

密教在教理上以大乘中观派和瑜伽行派的思想为理论前提，在实践上则以高度组织化了的咒术、礼仪、本尊信仰崇拜等为其特征；宣传口诵真言咒语（“语密”）、手结契印（“身密”）和心作观想（“意密”），三密相应，就能使身口意三业清净，与佛的身口意相应，可以即身成佛。

密教又认为世界万物、佛和众生皆由地、火、风、水、空、识六大所造，前五大为色法，属“理”、“因”的胎藏界；识为心法，属“智”、“果”的金刚界。色心不二，金胎为一，二者摄宇宙万物，而又皆具众生心中。佛与众生体性相同。

《金刚顶经》出现以后，密教被称为金刚乘。其后从金刚乘中又分出一支称俱生乘或易行乘。这派经典多用孟加拉等地方语言写作，其中很多是导师所传的歌，主张佛身四身说（法身、报身、应身、和俱生身），宣传自我是“与生俱有”（本性）的性质并是实现的目的，在实践上重视导师的作用和秘密的仪式。

据传，大日如来授法金刚萨棰，释迦逝后800年时，龙树开南天铁塔，亲从金刚萨棰受法，后传龙智，龙智传金刚智和善无畏。初曾盛行于今德干高原等，所依经典主要是《大日经》、《金刚顶经》、《苏悉地经》等。唐开元四年（716年），善无畏带《大日经》来华，与弟子一行译出；开元八年，金刚智及弟子不空传入《金刚顶经》，由不空译出，从而把密教输入，并成为中国佛教宗派之一。善无畏弟子除一行外，还有温古、智俨等。不空的弟子有金阁寺的含光、新罗慧超、青龙惠果等；而以惠果传其法系，传二代即衰微。在中国西藏地区的密宗为藏传佛教，俗称喇嘛教。

▲ 大日如来

大日如来的梵音为摩诃毗卢遮那，是密宗最根本的本尊。由于毗卢佛智慧之光遍照一切处，能使大千世界永放光明，能开发众生之善根，成办世间和出世间之事业，因此又得“大日如来”的尊号。依《大日经疏》卷一记载，大日如来的名称有三种意义：1.除暗遍明义。2.众务成办义。3.光无生灭义。

805年，日本僧人空海在长安青龙寺从惠果受胎藏界、金刚界两部秘法，并受传大阿阇梨位。回日本后，空海以平安（今京都）东寺为中心弘扬密教，称“真言宗”，并建高野山金刚峰寺为另一传法基地。镰仓时期，赖瑜创新义真言宗，认为大日如来的法身不说法，其化身说法，以和歌山根来寺为中心弘扬佛教，现有真言宗丰山、智山两派；反对此说的为“古义真言宗”，以东寺和高野山为中心，现有高野山真言宗、真言宗山阶派、真言宗醍醐派、真言宗东寺派等。

此外，又有日僧最澄、圆仁、圆珍等先后来唐学天台宗和密宗教义，回国后在比睿山等地进行弘传，被称为“台密”，以传胎藏界密法为主。

14. 佛教在印度的消亡

阿育王（前 273~前 232 年在位）为印度摩揭陀国孔雀王朝创始人旃陀罗笈多的孙子。相传杀兄修斯摩后即位，统一全印度。设“大法官”主持佛教、婆罗门教、耆那教等事务，特别扶植佛教，立佛教为国教。据传在位时建八万四千寺塔。据《岛史》等记载，他在即位第 17 年，在华氏城命目犍连子帝须召集主持佛教第 3 次结集。结集后，派遣传教师去四方传布佛教，把佛教传到古印度各地和毗邻国家。甚至还派使者远达叙利亚、埃及、希腊等地传布佛教。

阿育王大弘佛法后，300 年中，佛教在中亚各国获得很大的发展，更向东传播到中国。但在印度境内，佛教却遭遇了厄运。阿育王逝世后不到 50 年，孔雀王朝为巽伽王朝所代替。蜜多罗王在婆罗门国师的帮助下篡夺了王位。他登上王位后崇拜婆罗门教而排斥佛教，毁坏塔寺，杀戮僧众，使佛教在印度受到严重的打击。幸而其统治权力仅限于中印度，当时有许多佛教徒多避难于西北，也有逃到南方的，这使北方佛教得以兴盛，统治北印度的大夏国弥兰陀王（希腊族），受了那先比丘的教化皈依了佛教。

320 年，旃多罗笈多一世创建笈多王朝，在华氏城建都，以恒河与宋河、朱木那河流域为中心，逐步向外扩张，使原处于分裂的印度达到了近乎孔雀王朝那样的统一。笈多王朝着力支持印度教的发展，所以被认为是一个婆罗门教复兴的时期。不过，笈多王朝对宗教采取宽容政策，允许各种信仰并存，自由辩论和竞争。在这样的气氛下，佛教依然遍及全印度，持续高涨。

笈多王朝后期（5世纪末），哒族（一说是匈奴族，未确。哒族又称白匈奴，但与匈奴不是一族）由阿姆河南下，占领印度西北部，建立王国。西北印度佛教受到严重破坏。印度终因异族的继续入侵，笈多王朝覆灭而陷于分裂割据的局面。

随后，佛教又遭到厄运，东印度一个王国西侵中印度，中印度佛教又一度受到破坏。后来，中印度伐弹那王朝的戒日王战胜了敌人，并统一了中印度，佛教始稍稍复兴，笈多时代已经开始兴建的那烂陀寺，在伐弹那王朝继续得到增建，规模日益宏大。

戒日王死后，中印度又陷于混乱局面。当时印度各地的国王分地割据，并依靠崇奉婆罗门教维持自己的统治，对谋求平等的佛教严厉打击。当时，独有东印度的波罗王朝和继起的斯那王朝历代崇信佛教。

在波罗王朝统治的7世纪到11

▲阿育王像

世纪，佛教得到空前发展。这一时期，密宗逐渐兴盛起来，9世纪以后，更为盛行，但佛教在学术思想方面却逐渐衰落下去。

从7世纪中叶开始，信奉异教的突厥族由中亚细亚侵入印度的西北部。到10世纪后半期，他们逐渐向内地侵略，所到之处，便对佛教进行严厉打击。佛教僧侣们远逃避难，多经尼泊尔、迦湿弥罗等地来到西藏。最后，斯那朝王室也改变了信仰，超戒寺等重要学府先后被毁，留存的僧人寥寥无几。于是，佛教残余不久便绝迹于印度本土，此事发生在12世纪末叶。

15. 佛教初传中国

公元前 3 世纪阿育王时，佛教开始向印度各地以及周围国家传播，逐渐发展成为世界性的宗教，并在许多国家形成各具特色的教派。佛教在传入中国内地之前，已在西域地区广泛流传。自汉武帝时代开辟对西域的交通以后，西域各国与中国内地的政治、经济、文化往来十分频繁，从而为印度佛教的传入准备了条件。

佛教传入前后，中国历史的发展为佛教的传入和流行提供了一定的土壤。

首先是当时社会现实的黑暗。东汉时期是佛教输入中国内地并在中国社会开始流行的初始阶段。西汉末年，随着土地兼并的加剧和统治阶级内部的倾轧，各种社会阶级矛盾日益激化，导致了农民起义的爆发。靠篡夺农民起义成果而当上皇帝的刘秀所建立的东汉王朝，代表的是豪强大地主阶级的利益。东汉后期，政治越来越腐败。自汉和帝（69~105 年）以后，外戚、宦官交替专权。他们利用职权对人民巧取豪夺，横征暴敛，给人民带来了无穷的灾难和痛苦。与此同时，各种自然灾害接踵而至，它们与沉重的赋役和租税迫使农民陷入水深火热之中。终于官逼民反，于汉灵帝中平元年 (184 年) 爆发了黄巾大起义。起义最后被残酷地镇压了下去，成千上万的农民惨死在地主武装的屠刀之下，但东汉王朝从此名存实亡，中原地带陷入了群雄割据、连年混战的局面，广大农民挣扎在死亡线上。这种社会现实有利于宣扬人生无常、众生皆苦的佛教的流行。

其次是思想文化的变化对佛教传播的影响。自汉武帝"罢黜百家，独尊儒术"以后，儒家在思想文化界占据统治地位，儒家经学通过宣传天人感应的神学和纲常名教思想来为维护封建统治服务。然而，这种日趋繁琐粗俗的理论到东汉后期逐渐失去了维系统治的作用，正统地位发生了动摇。因此，东汉末年在思想文化领域内一度出现了比较活跃的情况，先秦诸子学说纷纷再兴，其中名法和道家思想越来越受到人们重视，玄学处于酝酿之中。这种思想文化状况显然为佛教思想的传播和发展留下了空隙。

两汉时期社会上盛行的各种方术迷信与东汉时产生的道教等，也都为佛教的流行创造了条件。西汉时，天帝、鬼神、祖先的崇拜和祭祀、卜筮、占星、望气等种种方术，在社会上都很流行，特别是求长生不死的神仙方术更为盛行。不少方术之士还入朝为官，从县令、太守而至司徒、司空，可谓显赫一时，这必然促使方术之风更加盛行。到东汉顺帝时，以黄老学说为基础，吸收传统的鬼神观念和迷信方术，正式形成道教。道教是我国土生土长的宗教，其早期教义学说比较简单，仪规戒条也不是很完备。佛教作为比较成熟的宗教传入中国，对道教的进一步完善、发展无疑会起到一定的刺激作用。道教最初往往将佛教引为同道，而佛教在初传之时也往往被曲解为道术的一种。这种局面，为佛教的流传与发展创造了一种适宜的文化氛围。

再次是中西方交通的开拓。佛教传入中国内地的路线有海、陆二路。海路的开辟比陆路晚些，因而直到南北朝时才有译经大师经海路来到中国的记载。海路是指经由斯里兰卡、爪哇、马来半岛、越南而至广州，再进一步传至

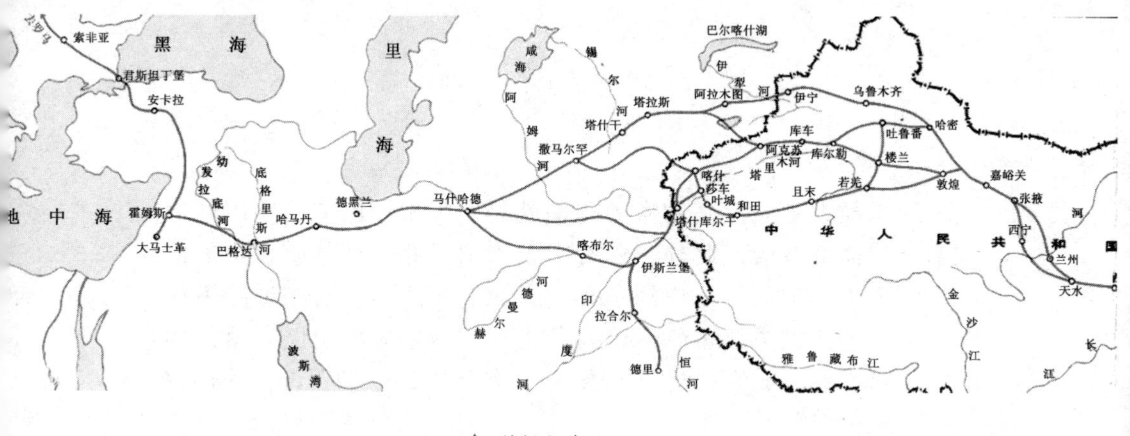

▲ 丝绸之路

内地。

陆路即由西域各地经著名的“丝绸之路”而传入。汉时所谓的“西域”，一般是指玉门关（现甘肃敦煌县西）、阳关（现甘肃敦煌县西南）以西，葱岭（帕米尔）以东，天山以南，昆仑山以北的广大地区。这一带地方有36国，后来分裂为50多个小国。随着中西交通的发展，人们往往把通过以上地区与汉地有着交通往来的中亚、西亚甚至南亚次大陆一些国家也称为西域。西域长期处于匈奴的控制之下，到汉武帝时，西汉的国力达到了鼎盛。建元三年（前138年），出于抗击匈奴的需要，汉武帝派张骞等人首次出使西域，客观上开辟了中西方的交通，沟通了中西方的联系。元狩四年（前119年），汉武帝为联合乌孙（现新疆天山以北地区）抗击匈奴，派张骞率300人出使乌孙。张骞在乌孙又派副使多人到大宛、康居、大月氏、大夏（在阿姆河以南，今阿富汗一带地方）、安息（今伊朗）、身毒（印度）等国，沟通汉朝与这些国家的正式往来。

汉朝与西域各国的交通路线分为南北两道。南道是指自敦煌西出玉门关、阳关，沿昆仑山北麓，经于阗而至莎车。北道是指从敦煌北上到伊吾（今新疆哈密），然后西行，沿天山南麓，经龟兹而至疏勒（今新疆喀什市）。以上两道都在天山南侧，因而又统称天山南路。东汉时著名的译经大师安世高和支娄迦谶就是经天山南路来到中国内地传播佛教的。此外，还有一条天山北路，即从哈密出发沿天山北麓而行，中经乌孙、大宛，至康居。这条道路不如以上两条道路重要。这几条沟通中西联系的道路，就是闻名世界历史的“丝绸之路”。“丝绸之路”的开辟，为佛教东传扫平了道路。

印度佛教就是在上述社会背景下经西域传至中国内地并广泛流传发展的。

16. 汉明帝梦佛

关于佛教初传中国内地的确切时间，历史上很难考定。长期以来有以下不同的说法：一是认为在西汉哀帝以前，佛教就已传入内地。如“三代以前已知佛教”，“周代已传入佛教”，“孔子已知佛教”，“战国末年传入佛教”，“中国在先秦曾有阿育王寺”，“秦始皇时有外国僧众来华”，“汉武帝时已知佛教”，“刘向发现佛经”等种种说法。

二是认为在西汉哀帝时，佛教从西域传入内地。西汉末年，西域与我国内地，以及西域人与汉族人都有所往来，西域派来的外交使节和商人中，还有一些佛教信徒。三国时魏国鱼豢《魏略·西戎传》记载：“或汉哀帝元寿元年(前 2 年)，博士弟子景庐（《魏书·释老志》作“秦景宪”）受大月氏王使伊存口授《浮屠经》。”

大月氏于前 130 年左右迁入大夏地区，其时大夏已有佛教流传。至公元前 1 世纪末，大月氏受大夏佛教文化影响，接受了佛教信仰，从而辗转传进中国内地，是完全可能的。

三是汉明帝永平年间传入说。根据多种典籍的记载，东汉永平年间（58~75 年)，汉明帝于夜晚梦见一位神人，全身金色，项有日光，右手握着两把箭，左手拿着弯弓，在殿前飞绕而行。第二天，明帝会集群臣，问："这是什么神？"当时，学识渊博的大臣傅毅回答道：听说西方有号称"佛"的得道者，能飞行于虚空，神通广大，陛下所梦一定是佛。于是，明帝派遣蔡愔等 18 人去西域访求佛道。3 年后，蔡愔等人从西域请来了僧人迦叶摩腾、竺法兰两人，并得佛像经卷，用白马驮着还洛阳。汉明帝对他们的到来表示欢迎，并专门为之建立佛寺，命名"白马寺"。白马寺便成为我国汉地最早的佛寺。这是佛教传入中国内地的又一种说法。这一说法在古代佛教徒中流传最为广泛。

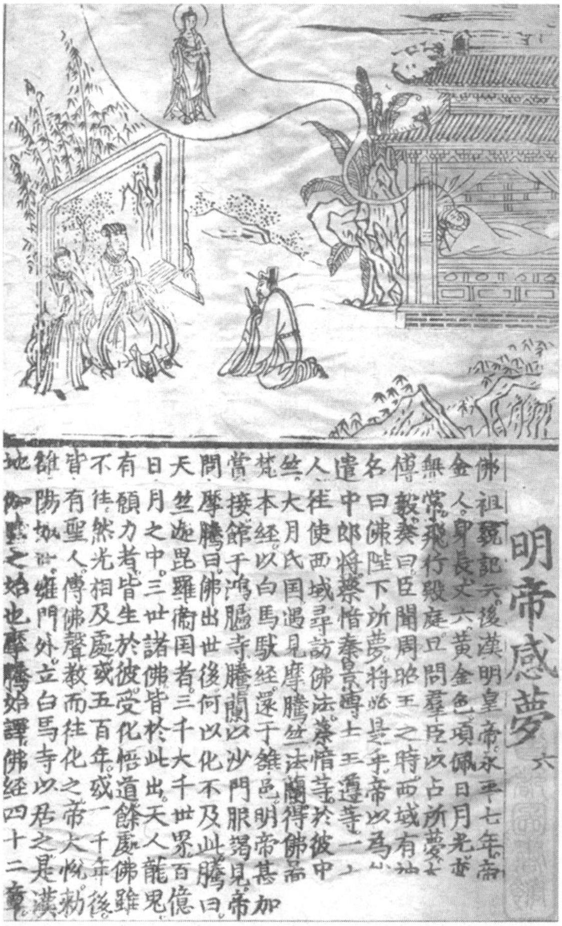

总之，汉明帝求佛法说，从其基本情节来说是比较可信的，但它只是说明印度佛教继西汉哀帝之后继续向中国内地传播，而不能说这是佛教传入中国的开始。佛教初传中国，应是在西汉末年的哀帝时期。目前，这一说法也为佛教界所公认。1998 年佛教界举办了庆祝佛教传入中国 2000 年的纪念活动，正说明了这点。

▲明帝感梦，表现的是汉明帝梦佛的情景，此图右上为明帝感梦，左下为大臣解梦。

17. 汉译佛典的产生

佛教是外来宗教，它在中国的传播，是与佛经的译介紧密地联系在一起的。东汉末年以前，仅有《浮屠经》的口授和译者不明的《四十二章经》的流传；此外有无经典，已不可考。但到东汉末年桓帝、灵帝时，不少古印度和西域僧人来到汉地，以洛阳为中心，译出大量佛教典籍。据现存最早的经录《出三藏记集》记载，从汉桓帝到献帝的40余年中，共译出佛典54部，74卷，知名的译者6人；唐代《开元释教录》勘定为192部，395卷，译者12人。初期的佛经翻译内容，可分为两个系统：一是以安世高为代表的小乘禅数学，一是以支娄迦谶为代表的大乘般若学。人们一般以《四十二章经》为中土佛教最初的译籍，又以《牟子理惑论》为中土佛教最初的论著。

（一）《四十二章经》

《四十二章经》是现存最早的汉文佛经，相传为天竺高僧摄摩腾、竺法兰抵洛阳后译出。汉明帝下令将它收藏于朝廷专藏图书的兰台石室，并为两人修建白马寺以居。这是佛教史上的一般看法。但近代有学者认为，《四十二章经》并非真正译本，而是汉人自己的撰述。如梁启超先生说，这部经不是依据梵文原本比照翻译，而是人们在多种

▲藏有《四十二章经》石刻的上方山兜率寺

上方山位于北京房山区韩村河镇,上方山兜率寺的石碑上题刻着明代太监冯保亲手写下的《四十二章经》,这是最早记载"四十二章经"的地方。

经内选择精要，依照《孝经》、《老子》等书编撰而成。汤用彤先生则提出不同看法，认为《四十二章经》既不是一部独立的经典，也不是汉人的撰述，它是从小乘佛教经典中辑录佛教基本教义的“外国经抄”，因其由42段短小经文组成，故名。吕秋逸先生在对《四十二章经》与三国时代译出的《法句经》进行比较研究的基础上，得出另一结论：《四十二章经》抄自《法句经》，其抄出年代当在306年至342年间。

《四十二章经》主要阐述了人生无常、众生皆苦的佛教原理，劝告世人放弃爱欲，积极修行，以求解脱。如说：“惟人自生至老，自老至病，自病至死，其苦无量。心恼积罪，生死不息，其苦难说。”“佛问诸沙门：人命在几间？对曰：在数日间。佛言：子未能为道。复问一沙门：人命在几间？对曰：在饭食间。佛言：子未能为道。复问一沙门：人命在几间？对曰：呼吸之间。佛言：善哉，子可谓为道者矣。”又说：“爱欲之于人，犹执炬火逆风而行，愚者不释炬，必有烧手之患。”“人为道去情欲，当如草见火，火来已却。道人见爱欲，必当远之。”

该经文字简短，但包含了佛教修道的基本纲领。文字叙述生动形象，常以比喻阐明佛理。如经中说，人之贪色爱财，好比小孩以舌舔刀刃上的蜜，后果不堪设想。又比如说，恶人陷害好人，好比仰天吐唾沫，天不会被他的唾沫所染污，而唾沫掉下来正好玷污了自己。

《四十二章经》的特点，使它成为一部适应佛教初学者所需的入门书，在佛教初期的流传中起了重要作用。

（二）《牟子理惑论》

《牟子理惑论》一书，通称《牟子》，又称《理惑论》。相传为东汉末年牟子所著，最早见录于刘宋陆澄的《法轮·缘序》中，并注曰："一云苍梧太守牟子博传。"但在《隋书·经籍志》中则注称"汉太尉牟融撰"。后来的新旧《唐书》因袭此说，致使人们将著《理惑论》的牟子与汉章帝时的太尉牟融相混淆，由此引起了对该书真伪问题的长期争论。

近代以来，国内外学者曾对《牟子理惑论》展开过热烈讨论。梁启超、吕秋逸等学者认为，该书系晋宋间人所撰。而胡适、周叔迦、汤用彤等学者则确定该书是汉魏时的作品。

目前，有关《牟子理惑论》的作者姓名及其生平事迹等，还不是很清楚。但从现存《牟子理惑论》一书的内容来看，当是汉魏之际所撰成。尤其从"序传"一节来看，所述之事多可与史实相印证，并可补史料之所阙。该书作者原是儒生，博览经传。他也曾熟读神仙家之书，但认为那些书大多虚妄不可信。后因见天下大乱，乃避乱到了交趾。他因信奉佛教受到当时人的非议，故作《理惑论》以自辩。

《牟子理惑论》共 39 章，若不计首尾"序传"和"跋"，则正文为 37 章。据称这是因见到"佛经之要有 37 品，老氏《道经》亦 37 篇"，故作 37 条问答。全书以自设宾主的问答方式阐发佛教的基本教义。内容包括释迦牟尼出家、成道、传法等事迹；佛经的卷数以及戒律的规定；佛教对于生死的看法；佛教在中国的初传情况等。在书中，作者大量引用儒、道和诸子百家之言，以图说明佛教与中国传统思想一致，表现出明显的儒、佛、道三家一致的倾向。比如他对“佛”的解释，是以道家观点展开的，说：“佛乃道德之元祖，神明之宗绪。佛之言觉也，恍惚变化；分身散体，或存或亡；能小能大，能圆能方，能老能少，能隐能彰；蹈火不烧，履刃不伤；在污不辱，在祸无殃；欲行则飞，坐则扬光。故号为佛也。”又比如他对佛教的解释，除了加以道家化，还加以儒家化，说：“天道法四时，人道法五常。”所谓“五常”，即儒家的仁、义、礼、智、信。并认为通过对佛法的修习，“居家可以事亲，宰国可以治民，独立可以治身”。这显然是以儒家思想来解释佛教教义。

《牟子理惑论》从传统文化角度去理解佛教，反映了佛教在中国初传时期的实际状况。

18. 安世高的禅学

安世高，名清，原为安息国太子，自幼勤奋好学，通晓天文、风角、医学等方术，在西域诸国颇有名声；平时信奉佛教，经常讲经说法。其父王死后，他将王位让给叔父，出家修道；后游历各国传教，在汉桓帝建和二年（148年）到达洛阳，很快学会汉语，到灵帝建宁年间 (168~172年) 20余年，共译佛典34部40卷。所译佛经主要有《阴持入经》、《安般守意经》、《道地经》、《大十二门经》、《小十二门经》、《百六十品经》和《人本欲生经》等。灵帝末年，中原战乱，安世高避乱到江南，经庐山、南昌至广州，后死于会稽 (今浙江绍兴)。

安世高的译经“义理明析，文字允正，辩而不华，质而不野”[①]，很受后人好评，被誉为当时的“群译之首”。吕秋逸先生认为：“安世高的汉译佛典，可算是种创作，在内容和形式方面都有它的特色。就内容说，他很纯粹地译述出他所专精的一切。……至于译文形式，因为安世高通晓华语，能将原本意义比较正确地传达出来。”[②]吕秋逸先生又指出，安世高的译经从总体上来说毕竟偏于直译，有些地方顺从原本结构，不免重复、颠倒，而术语的创作也有些意义不够清楚的地方。

① 《出三藏记集》卷十三之《安世高传》。《大正藏》卷五十五，第95页上。

② 吕秋逸：《中国佛教源流略讲》第285页，中华书局，1979年版。

▲ 安世高

安世高翻译介绍了小乘佛教说一切有部的理论。说一切有部是从上座部中分化出来的，主要流行于古印度西北的克什米尔、犍陀罗一带。关于安世高的译经，道安说“其所敷宣，专务禅观”[①]；又说“博闻稽古，特专阿毗昙学，其所出经，禅数最悉”[②]，“安世高善开禅数”[③]。这些都说明安世高所精的是禅经与阿毗昙学，所传的为“禅数”之学。

①《出三藏记集》卷六之《阴持入经序》。《大正藏》卷五十五，第44页下。

②《出三藏记集》卷六之《安般注序》。《大正藏》卷五十五，第43页下。

③《出三藏记集》卷六之《十二门经序》。《大正藏》卷五十五，第46页上。

所谓“禅数”的“禅”，指禅观，即通过禅定静虑，领悟佛教的人生观和世界观，以期达到神秘的涅槃境界。“数”即数法，指阿毗昙。阿毗昙，也译为阿毗达磨、毗昙，因以数把教法分类，如四谛、五蕴、八正道、十二因缘，十八界等，故也可译为数法，此外还常译作“论”，是对经《阿含经》或教法的论释。由于阿毗昙能使人懂得佛教的道理，故也称阿毗昙为“慧”。因此，“禅数”也就是后来中国佛教常说的“定慧”、“止观”。

代表安世高一系禅学思想的主要是《安般守意经》和《阴持入经》。这两部经典在三国时就已有了注释。它们的内容都是提倡通过戒、定、慧来对治各种“惑业”，通过禅定修习而获得解脱。两者的不同之处在于，《安般守意经》侧重于“禅”学，其所传禅法，影响最大的是“安般守意”(“安般”是梵音安那波那之略，指呼吸)，后称“数息观”。“数息观”要求用自1至10反复数念气息出入的方法，守持意念，专心一境，从而达到禅定境界。并且认为这种禅法最后可导致“存亡自由”、“制天地，住寿命”的境地。这种修行方法颇似中国古代神仙方术家的呼吸吐纳、食气守一等养生之术。

《阴持入经》侧重于“数”学。“阴持入”，新译作蕴、处、界。亦称佛教“三科”。它偏重于对名相概念的分析与推演，其理论是通过对四谛、五蕴、十二因缘、三十七道品等佛教基本概念的分析来表达的。

安世高小乘禅数之学中所强调的“止观双俱行”，重视“持戒”等，都对后世的禅学乃至整个中国佛教发生了一定的影响。当时，临淮（安徽宿迁西北）人严佛调是汉地第一个出家者。他撰写了第一部汉僧佛教著作《沙弥十慧章句》，开始发挥安世高学说；三国吴康僧会曾从安世高弟子韩林、皮业、陈慧随学，并与陈慧共注《安般守意经》；晋僧道安，为大小《十二门经》、《安般守意经》、《阴持入经》、《人本欲生经》等经作序作注；东晋名士谢敷也曾为《安般》作序。东晋时期著名的佛学家释慧远和竺道生等也都深受其影响。

另一个在洛阳译经的安息人是安玄。他是个在家持戒的居士，汉灵帝末年到洛阳经商，常与沙门讲论佛法，世称为“都尉玄”。他同严佛调一道翻译了大乘佛经《法镜经》一卷。此经与《大宝积经·郁伽长者会》属同本异译，是阐明在家修菩萨的大乘经典。安玄比安世高晚来洛阳40年，已开始翻译大乘佛经，说明大乘佛教此时已在安息流传。

19. 支娄迦谶的般若学

在和安世高同时期来到洛阳的佛经翻译家中最有名的是支娄迦谶。据《出三藏记集》卷三十《支谶传》记载，他本是月氏国人，简称支谶，东汉桓帝建和元年（147 年）来到洛阳，至灵帝中平（184~189 年）年为止，译出佛经 14 部 27 卷（或作十五部三十卷）。主要有《道行般若经》、《首楞严三昧经》、《般舟三昧经》等，全系大乘佛教经典，其中以《道行般若经》最为重要。

《道行般若经》亦称《般若道行品》，与三国吴支谦译《大明度无极经》、姚秦鸠摩罗什译《小品般若波罗蜜经》属同本异译；宣扬"诸法（一切事物和现象）悉空"、"诸法如幻"的大乘佛教般若学理论。此经是大乘般若学介绍进中国内地之始。大乘般若学在魏晋时曾依附玄学而盛极一时，并对整个中国佛教的理论产生过巨大的影响。

《首楞严三昧经》和《般舟三昧经》都是讲大乘禅法的。"首楞严"意译"健相"、"勇伏"等，"三昧"即是禅定的另一种梵音。所谓"般舟"，意为"佛现前"、"佛立"。修此"三昧"可使"十方诸佛"在虚幻想象中出现于行者面前。《般舟三昧经》还将阿弥陀佛介绍到中国，给中国佛教以很大影响。净土经典《无量清净平等觉经》也被疑为支娄迦谶所译。

此外，有《宝积经》1卷、《兜沙经》1卷等10部经，道安认为“似支谶出”。

支谶经常和天竺沙门竺佛朔合作译经。经常是竺佛朔宣读梵文，支谶译为汉语，汉人孟元士笔录成文。有时是汉人孟元士、张莲笔录成文。东汉末年，外国僧人来华译经还得到了汉族地主阶级及知识分子早期信徒的支持，如孙和、周提立等“劝助者”就是提供译经资金、场所和各种生活用品的施主。可见，民间地主阶级及其知识分子对译经事业的赞助，是译经事业顺利开展的重要条件。

▲ 支娄迦谶

在汉灵帝、献帝之间于洛阳从事译经的还有支曜、康巨、康孟详等人。支曜，疑为大月氏人，所译《成具光明经》1卷，与支谶所译《光明三昧经》是同本异译，也是大乘禅经。康巨，当是康居人，译《问地狱事经》1卷，已佚。康孟详，也许是康居人，与昙果合译了《中本起经》。

综上所述，东汉末年的译经者主要是外来僧，他们或是单译，或是合译，虽有汉地僧人或居士参加，但只是从事辅助工作。他们所译经典，包括了大、小乘佛经。这一时期以译经为主，著述和注释极为少见。

20. 东汉佛教概况

一、流传区域。

汉代佛教在中国流布的区域还不普遍，其重心大略有三处：

(一) 洛阳。因为洛阳是东汉的首都，是西域人聚集之所。安世高和支谶等人是从安息国和大月氏国来中国的。由西域来中国，凉州（今甘肃张家川一带）和长安是必经之地。但因为没有文献资料可考，当时凉州和长安的佛教情况不明，洛阳乃成为我们所知的东汉唯一译经场所。安世高和支谶均在洛阳活动，严佛调也在洛阳出家。

(二) 江淮之间。西域交通开辟后，洛阳最先成为佛教中心。东汉末年爆发了黄巾农民大起义，不少佛教徒因逃避战乱，从洛阳、关中汇集到丹阳（今安徽宣城）、彭城(今江苏徐州)、广陵（今江苏扬州市）等地，即江淮流域。江淮流域古代盛行黄老之学，相信方术和仙道的人很多，这种情况有利于佛教在该地区的流传。东汉初楚王刘英受封的楚国就在此处，其领地以彭城为中心，涉及淮河南北。据《出三藏记集》卷五载慧毅《喻疑》说："汉末魏初，广陵、彭城二相出家(广陵相是赵昱，彭城相是薛礼)，并能任持大照，寻味之贤，始有讲次。"就是说，他们都信奉佛教，并且召有学问的佛僧宣讲佛经。再者，从丹阳人笮融在彭城和广陵之间建造浮屠寺等事看来，当时在徐州、扬州等地佛教已经很流行了。

(三) 交趾。交趾是中国与印度水陆交通的枢纽，也是中国早期佛教最发达的地区之一。东汉建安八年（203 年）改称交州。交州刺史统辖七郡，即：南海郡（今广东东部），治在番禺（今广州）；苍梧郡（今广西壮族自治区东部），治在广信（今梧州）；郁林郡（今广西壮族自治区中、西部），治在布山（今桂平西）；合浦郡（今广东广西南部，包括海南岛），治在合浦（今广西合浦东北）；交趾郡（今越南北部），治在龙编（今河内东北）；九真郡（今越南中北部），治在胥浦（今清化）；日南郡（今越南中南部），治在西卷（今广治）。汉末，士燮（137~226 年）任交趾太守(同时领有广州)，任职 40 余年，社会相对稳定，一些中原士人避难在此。《三国志·吴志·士燮传》载："燮体器宽厚，谦虚下士，中国士人往依避难者以百数。"佛教和道教方面的"异人"也集中了不少。据说，牟子避乱至交趾，在此著《理惑论》。三国时，吴国名僧康僧会即在交趾出家为僧，后入建业传教。此外，三国时在交趾译经的还有西域僧人支疆梁、耆域等人；南朝齐梁之际，有释慧胜、道禅等人在交趾传播佛教。

近年来，从考古发掘看，东汉年间四川地区也有佛教的流传。在四川乐山县麻浩享堂梁上刻有一个端坐佛像，高 37 公分，宽 30 公分，面部已残，绕头有佛光，身上好像披着通肩袈裟，右手上举，伸五指，掌心向外，似作"施无畏相"，左手似有所执。在其附近与其风格相同的有纪年铭的崖墓里，有顺帝"永和"（136~141 年）和桓帝"延熹"（158~167 年）等年号。可见，乐山崖墓所雕佛像应是东汉末年的作品。

▲ 在标准的施无畏印中，右手举起，掌心向前，舒五指。这一手势代表了无畏、平安以及抚慰。

同时，在四川彭山崖墓内，发掘出一个陶制佛座，高 20.4 公分，上塑有一个端坐佛像，左右各立一侍者。墓内虽无纪年文字，但与陶制佛座同时出土的陶俑、陶动物以及陶制屋宇等等，都具有明显的东汉器物特征。

关于四川的佛教，在东晋之前缺乏文献记载。四川佛像的发现，给佛教史学界提出了一个问题：四川佛教是从什么途径输入的呢？史书不能给我们满意的答复，但从这些考古发现中，至少可以证明在三国以前，四川已传入佛教。

二、建寺、造像及佛教信仰。

(一) 中国第一古刹——洛阳白马寺

白马寺初创于东汉永平十一年（68 年），距今已有 1930 余年的历史。《历代三宝纪》、《洛阳伽蓝记》等书记载，东汉明帝永平年间 (58~75 年)，摄摩腾和竺法兰将《四十二章经》和佛像用白马驮着回到洛阳，汉明帝礼请二位高僧暂时下榻于鸿胪寺 (负责外交事务的官署)。翌年，又敕命于洛阳城西雍门外修建僧院，这就是著名的白马寺。为什么叫白马寺呢？据载，一是为铭记白马驮经之功；二是因二位高僧下榻于鸿胪寺，遂取其“寺”字。

但是，最早记述东汉明帝感梦求法的《牟子理惑论》、《四十二章经·序》等以及正史资料均不见白马寺这个名称。那么，到底汉明帝时有没有修建白马寺，从现在的考察来看，随着佛教传入中国，为安置西域僧侣居住而兴建一些佛寺是可能的；当然，开始不一定叫白马寺。《高僧传·摄摩腾传》记载："倍（蔡倍）等于彼（天竺）遇见摩腾，乃要（邀）还汉地……明帝甚加赏接，于城西门外立精舍以处之……有记云：腾译

▲河南洛阳白马寺

《四十二章经》1卷，初缄在兰台石室第14间中。腾所住处，今洛阳城西雍门外白马寺是也。相传云：外国国王尝毁破诸寺，唯招提寺未及毁坏，夜有一白马绕塔悲鸣，即以启王，王即停坏诸寺，因改招提以为白马。故诸寺立名多取则焉。"从引文看，开始安置印度（或西域）沙门的"精舍"（"寺"的异名）、"住处"，后来才称作白马寺，而且白马寺的名称与求法（所谓"白马负经"）没有直接关系。因此，白马寺的名称是后来才有的。但无论如何，白马寺是我国汉地最早的佛寺。

白马寺被后世佛门弟子尊为"祖庭"（祖师之庭院）和"释源"（佛教的发源地）。寺内现存的不少碑刻和法器上都还留有"祖庭"、"释源"字样。汉明帝"永平求法"是我国佛教史上第一次"西天取经"。因此，白马寺的建立是我国佛教史上的一大盛事。

白马寺建立后，第一部汉文佛经《四十二章经》即由摄摩腾、竺法兰在此翻译完成。中天竺律学沙门昙柯迦罗在此译出第一部汉文佛律——《僧祇戒心》，昙柯迦罗被后世佛教徒尊为中国律宗之祖。后来，又有僧人相继在此译经。随着佛经翻译的兴起，佛教的传播日益广泛。白马寺

作为我国早期佛教活动的中心永远被载入史册。

(二) 楚王英奉佛

东汉明帝的异母弟楚王刘英是佛教传入中国后最早信仰佛教的人。《后汉书·楚王英传》记载，楚王刘英年青时好游侠，结交宾客，建武十五年（39年）封楚王，二十八年（52年）赴楚国就任。晚年“更喜黄老，学浮屠，斋戒祭祀”。楚王英曾被人诬告意图谋反，汉明帝于永平八年(65年）诏命天下，若献缣（绢）则可赎死罪。楚王英派郎中令奉黄缣白纨30匹送到国相（代表朝廷主持封国政务）处，国相立即将这种情况上报。明帝下诏通报各国说，对崇尚黄老、浮屠的楚王英无须嫌疑，应退还所献的缣，作供养费施与沙门。诏文如下：“楚王诵黄老之微言，尚浮屠之仁祠，洁斋三月，与神为誓。何嫌何疑，当有悔吝？其还赎，以助伊蒲塞（即优婆塞——男居士)、桑门（沙门）之盛馔。”由此可见，楚王英兼信黄帝、老子和浮屠。这件事被公认为东汉上层统治阶级兼信黄老和浮图的典型个案。“洁斋三月，与神为誓”则说明楚王英还奉行一定的佛教仪式。按照佛教规定，居士在一年的正月、5月、9月这3个月的初一到十五要严守五戒或八戒，不杀生，奉行素食等等，称为“三长斋月”。

后来刘英广泛结交方士，“作金龟玉鹤，刻文字以为符瑞”。永平十三年（70年），男子燕广告发刘英与渔阳王平、颜忠等造作图书，密谋造反。朝廷派人调查属实，有司奏刘英“招聚奸滑，造作图谶，擅相官秩，置诸侯王公将军二千石，大逆不道，请诛之”。明帝废去刘英的楚王封号，派人把他遣送丹阳泾县。第二年，刘英在丹阳自杀身亡。

汉明帝对于楚王英一案的追究很严，株连“自京师亲戚诸侯州郡豪桀及考案史，阿附相陷，坐死徙者以千数”。

自此以后近百年中，史籍不再见有关佛教在中国传播的记载。显然与这次株连有关。

以上史实说明，在东汉初年，佛教只是作为当时流行的重视祭祀的黄老方术的一种，受到统治阶级上层中极少数人的信奉，还未在民间广泛产生影响。

(三) 汉桓帝信佛

汉桓帝名刘志，是东汉第一个信奉佛教的皇帝。他 15 岁当了皇帝，由梁太后和大将军梁冀把持朝政。159 年，汉桓帝在宦官单超、徐璜、县瑗等人的帮助下，杀死梁冀等数十人，掌握了朝中大权。据史书记载，汉桓帝非常迷信宗教，为了延年祈福，他派人到苦县（今河南省鹿邑县东）祭祀老子，还在宫中祭祀黄老。《后汉书·桓帝纪》说："前史（按：指《东观汉纪》）称桓帝好音乐，善琴笙。饰芳林而考濯龙之宫，设华盖以祠浮图（屠）、老子。"由此可见，桓帝在濯龙宫中合祭了浮屠和老子。距桓帝约百年之前的楚王英兼信黄老和浮屠，而汉桓帝仍把浮屠与黄老并行祭祀，把佛教看作是黄老道术的一种。

当时的山东学者襄楷到洛阳上疏桓帝，说："又闻宫中立黄老、浮屠之祠。此道清虚，贵尚无为，好生恶杀。省欲去奢。今陛下嗜欲不去，杀罚过理，既乖其道，岂获其祚哉!"[①]可见，襄楷提倡佛教教义是为了谏诫桓帝的胡作非为。其实，桓帝对佛教的伦理并不感兴趣，他关注的是佛教能否同黄老之术一样可以使他长生不老。就这样，佛教竟与东汉社会追求现世功利的道教信仰等同了。

① 《后汉书·襄楷传》，商务印书馆，第 473 页下、474 页上。

(四) 笮融建寺、造像及民间奉佛

随着佛教的不断输入与发展，洛阳、徐州、豫州等地区先后兴建了一些佛教寺塔，并开始塑造佛像。史籍中关于笮融祠佛的记载，最早记述了东汉时建寺造像和民间奉佛的有关情况。

笮融是丹阳人，曾聚众数百人投靠当时的徐州刺史陶谦。陶谦任命他督管广陵、下邳（江苏宿迁西北）、彭城三郡的粮食运输。笮融利用职权把三郡的钱粮用来大建佛寺。《三国志·吴志·刘繇传》记载他所造的佛寺："以铜为人（按：此指佛像），黄金涂身，衣以锦采，垂铜盘九重，下为重楼阁道，可容三千余人，悉课读佛经。"又说："令界内及旁郡人有好佛者听受道，复其他役以招致之。由此远近前后至者五千余人户。"即笮融用信佛免役的方法招引民户，前后招致民户达5000多。他还举行盛大的浴佛法会，"每浴佛，多设酒饭，布席于路，经数十里，民人来观及就食且万人，费以巨亿计"。

以上史料说明：（1）佛教在东汉末年已从宫廷贵族上层逐渐走向了民间。不管当时信奉佛教的民众是只图"就食"和免役，还是出于真心，史书所列举的"三千人"、"五千余人户"、"万人"等各项数字，表明佛教已在民间有了一定影响。（2）笮融建寺造像具备了一定规模。寺庙"可容三千人"，由此我们可以想见其规模之大。日本佛教学者镰田茂雄说："笮融所建造的佛寺，可以说是中国佛教最古的寺院。"[①]在佛像的塑造上也开始用铜塑佛并涂以黄金。（3）在佛教礼仪上有了一定发展。笮融的信佛与楚王英、桓帝时相比有很大变化，那就是出现了铸造佛像、建立寺院、举行浴佛会和实行施食等。尤其值得注意的是，笮融没有把黄老与浮屠并祠，反映了当时的人们已开始把浮屠与黄老分开。从记载中的寺中3000余人"悉课读佛经"，则反映了当时已经流传着汉译佛教经典了，而且诵读佛经作为礼佛仪式的一种已经存在着了。

①《简明中国佛教史》第21页，上海译文出版社，1986年版。

21. 戒律始传

曹魏政权是靠镇压黄巾农民起义起家的。鉴于起义农民对道教的利用，曹魏政权对东汉以来广泛流行的黄老道术和鬼神祭祀，采取了严格限制的政策。因为佛教在东汉以来是被看作黄老道术的一种，所以洛阳的佛事活动由此也一度消沉。但到了魏国中期，这种禁令便松弛下来。魏嘉平年间（249~254 年）及以后，昙柯迦罗、康僧铠、昙谛等僧人又先后来到洛阳，从事译经和传教活动。

最早来到魏国的外国僧人是昙柯迦罗。据《高僧传》卷一载，他本是中印度人，自幼聪颖过人，博览诗书；25 岁接触佛典后，深悟因果，乃出家修行，并于魏嘉平年间来到洛阳。当时，洛阳的僧侣不按戒律生活，只有剃发这一点与俗人不同。不仅斋戒和忏悔之法按中国祠庙里的宗教仪式进行，而且僧侣是不受戒的。

因此，昙柯迦罗翻译了大众部戒律的节选本《僧祇戒心》，更请梵僧立羯磨法。从昙柯迦罗以后，中国便有了出家受戒的制度。昙柯迦罗所译的《僧祇戒心》在中土早已佚失，但他首创的授戒度僧制度对中国佛教的发展产生了深远影响。昙柯迦罗因此被奉为律宗初祖。

安息国沙门昙谛也擅长律学，魏正元年间（254~255年）

来到洛阳，翻译了《昙无德羯磨》1 卷，即昙无德部四分律的受戒礼节。

康居沙门康僧铠也于魏嘉平末年（253 年）来到洛阳，译出有关在家居士学出家之戒的《郁伽长者所问经》1 卷、《无量寿经》2 卷等。这部《郁伽长者经》是后汉灵帝时代安玄和严佛调合译的《法镜经》的异译，西晋竺法护译作《郁伽罗越问菩萨行经》。被视为龟兹国出身的帛延则于甘露年间（256~259 年）来到洛阳，译出《首楞严经》、《须赖经》、《除灾患经》3 部 4 卷。

22. 中国第一僧

魏正始（240~249 年）以后，玄学盛行，谈玄说虚也激起了人们对佛教般若学的兴趣，人们倾心于对般若空义的探究，并促成了中国内地僧人西行求法的开始。

朱士行是中国佛教史上第一个西行求法的汉僧，同时，他又被认为是中国佛教史上第一个依律受戒成为比丘的汉人。因此，他在中国佛教史上被誉为“中国第一僧”。

朱士行是曹魏时代颍川（今河南许昌）人。少年出家，时当嘉平年间（249~253 年）昙柯迦罗传来《僧祇戒心》，并创行羯磨受戒。他依法成为比丘，与在他以前的仅以离俗为僧有所区别。从这一点上，后人将他作为汉土真正沙门的第一人。

他出家后，“便以大法为己任”，常于洛阳讲《小品》(即支谶所译的《道行般若经》)。由于支谶的译本“译人口传，或不领辄抄撮而过，故意义首尾，颇有格碍”①，其中的意义往往解说不通，朱士行“每叹此经，大乘之要，而译理不尽”②，闻西域有更完备的大品《般若》，朱士行乃“誓志捐身，远迎《大品》”③。

甘露五年 (260 年)，他从长安西行出关，穿过沙漠，辗转到了大乘经典集中地的于阗（今中国新疆和田）。在那

① 《出三藏记集》卷十三之《朱士行传》。《大正藏》卷五十五，第 97 页上。

② 同上。

③ 同上。

▲朱士行

里，他果然得到《放光般若经》的梵本，凡 90 章，60 余万字(2 万余颂)。西晋太康三年（282 年），朱士行遣弟子弗如檀等 10 人将经送回洛阳，他自己 80 岁时卒于于阗。抄回的经本于西晋元康元年（291 年）由竺叔兰、无罗叉等在陈留仓垣（今河南开封市西北）水南寺译出，即为《放光般若经》20 卷（此与竺法护于西晋太康七年即 286 年译出的《光赞般若》10 卷为同本异译)。

《放光般若经》的译出，对西晋般若学的兴盛影响很大。译本风行京华，凡有心讲习般若学的，皆奉之为圭臬。中山的支和上 (名字不详) 使人到仓垣断绢誊写，取回中山之时，中山王和僧众具备幢幡，出城 40 里迎接，盛况空前。

当时，佛教学者如帛法祚、支孝龙、竺法蕴、康僧渊、竺法汰、于法开等，都借着《放光般若经》来弘扬般若学说。从此以后，讲习般若，成为一代风气。

23. 梵呗的创始

梵呗为一种以短偈形式赞唱佛、菩萨的颂歌，可有乐器伴奏。在印度，“凡歌咏法言，皆称为呗”。在中国，“咏经则称啭读，歌赞则号为梵呗”[①]。啭读和梵呗有区别。大概前者指念经的讽诵调，比较单调；后者指歌赞的唱腔，旋律性强。

①梁释慧皎：《高僧传》卷十三之《经师篇》。《大正藏》卷五十，第415页中。

印度的音乐从乐器以及旋律节调方面都与中国不同，印度文字是多音，中国文字是单音，这就是说，在佛教内用印度乐谱歌唱汉文歌辞，是不调和的。而佛教逐渐流行之后，必然要求创造一种适当的乐谱来歌唱佛曲，梵呗便应运而生。

相传，魏武帝第三子陈思王曹植是中国佛教最早的梵呗创始者。他当年在鱼山（今山东省东阿县西北八里）游历时，闻流水之音而有感，于是根据汉康孟详所译《瑞应本起经》，写成《太子颂》等的梵呗。后世称之为鱼山梵呗。现在《太子颂》等梵呗都不传，从其名称来看，《太子颂》是叙述释迦降生后的故事。

曹植的这种梵呗被东吴支谦和康僧会继承下来，据说支谦传承“梵呗三契”，康僧会创作了“泥洹梵呗”。这种歌咏佛德或佛法的法曲，对佛教的弘扬无疑会起到推动作用。

24. 康僧会的禅学

与支谦齐名的康僧会，其先祖为康居人，世居天竺，其父因经商而移居交趾。10余岁时，父母双亡，服丧后，他出家为僧。康僧会好学博览，不但明解三藏，且对于六典、天文、图纬诸学亦无不精通。他曾随南阳韩林、颍川皮业、会稽陈慧等，学习安世高的禅数学。吴赤乌十年(247年)，康僧会至建业，建茅屋并安置佛像，立志将佛法传播于江南。据说吴主孙权初时并不信佛教，后因康僧会显示神异，求得舍利，才发心信佛，并为康僧会建立寺庙，是为江南建寺之始，故号“建初寺”，江南佛法由此大兴。康僧会自此以后也就一直以建初寺为中心从事译经和传教活动，直至太康元年（280年）去世为止。

孙权驾崩，孙皓即位。据说孙皓即位后曾对佛教产生怀疑，一度想把建初寺烧掉，康僧会又用因果报应一类的灵验，对其进行劝说，才使佛教免于劫难。

康僧会翻译的经典有《阿难念弥经》、《镜面王经》、《察微王经》、《梵皇王经》等，但最重要的是叙述释迦牟尼前世故事的《六度集经》。

《六度集经》按大乘菩萨“六度”（即布施、持戒、忍辱、精进、禅定、智慧）分为6章，通过佛前生的种种神话本生故事——菩萨本行，来说明佛教义理。其中突出的特色是，用佛教的菩萨行发挥儒家的“仁道”说，把佛教与儒家思想调和起来，会通儒、佛。经中不仅大讲“恻隐心”、“仁义心”，而且还极力主张“治国以仁”，认为“为天牧民，当以仁道”。除了这些治国牧民之道以外，经中还大力提倡“尽孝”，歌颂“至孝之行”，认为“布施一切至贤，又不如孝事其亲”，这些思想显然打上了中国儒家文化的烙印。可见，佛教的中国化与康僧会等一批佛教高僧的努力是分不开的。另外，因其教义全是通过有关佛的前生故事陈述出来的，取材自虫兽鸟龙、天王帝释，包含有丰富的寓言和神话，有相当高的思想价值和艺术价值。

▲ 康僧会

康僧会又对《安般守意经》、《法镜经》、《道树经》三经进行注释，合写了一个经序。据《高僧传》卷一之《康僧会传》载，他还曾制《菩萨连句梵呗》三契，所传“泥洹呗声，清靡哀亮，一代模式”，所以，他也是中国佛教音乐的创作家。

关于康僧会的译述，汤用彤先生说：“(康僧) 会生于中国，深悉华文，其地位重要在撰述，而不在翻译。”①这是很有道理的。可惜康僧会的译注，大多佚失。现仅存有他撰写的两篇经序和编译的《六度集经》8卷。从这些材料来看，康僧会的佛教思想主要是继承发挥了安世高的小乘禅学。他对安般禅法的认识受汉代佛教的影响，仍然是将

①汤用彤：《汉魏两晋南北朝佛教史》第96页，北大出版社，1997年版。

禅定引发的神通作为追求的理想境界。

除了支谦和康僧会之外，来吴地从事译经传教的还有维祇难、竺将炎和支疆梁接[①]等人。维祇难是天竺沙门，世奉异道，以火祀为上，后改信佛教，出家为僧，于吴黄武三年（224年）与同伴竺将炎（一作竺律炎）携《法句经》梵本来至武昌。后竺将炎与支谦一起将《法句经》译为汉文。竺将炎还曾于黄龙二年（230年）在建业为孙权译出《三摩竭经》1卷，并与支谦合译了《佛医经》1卷。支疆梁接据说曾于吴五凤二年（255年）在交州译出《法华三昧经》，即《正法华经》6卷（已佚）。

总之，三国时期的佛教思想有两大系统，一个是支娄迦谶的大乘般若学系统，另一个是安世高的小乘禅学系统。支谦与康僧会分别为这两系学说三国时期的主要代表人物。支娄迦谶的大乘般若学系统的重要经典是：支娄迦谶译的《道行般若经》和《首楞严经》、支谦译的《维摩诘经》和《大明度无极经》等；重要人物是支娄迦谶及其弟子支亮、支亮的弟子支谦。安世高系统的重要经典是：安世高译的《安般守意经》和《阴持人经》、安玄译的《法镜经》、康僧会译的《六度集经》等；重要人物是安世高、安玄、康僧会、严佛调以及南阳韩林、颍川皮业、会稽陈慧等。

支娄迦谶和安世高同住洛阳，支谦和康僧会同在建业活动，他们又分属于同一个时代，但其弘传的思想系统却完全不同，这不能不引起我们的思考。提倡般若学的支娄迦谶和支谦系统与玄学相接近，开拓了两晋以后的玄学性佛教。安世高和康僧会系统则接近以长生不老为主的道教性佛教[②]。从他们的译述中我们可以清楚地看到佛教中国化不断推进的轨迹以及外来佛教与传统思想文化进一步相结合的趋势。

①汤用彤先生曾认为支疆梁接“恐与西晋在广州之疆梁娄至为一人”，见其著《汉魏两晋南北朝佛教史》第88页。

②（日）镰田茂雄：《简明中国佛教史》第33页，上海译文出版社，1986年版。

25. 支谦的般若学

吴国占据长江中下游广大地区，南面的交州（原称交趾，现广东、广西和越南大部）也在它的版图之内。由于地域的关系，东吴佛教是由南下和北上两路传入的。

东汉末年，楚王刘英在他的封地与沙门、居士一起奉佛，笮融在广陵、彭城一带祠佛以招徕民户，并建寺造像，这些都扩大了佛教的影响和传播范围，使佛教逐渐由中原向江南传播。另一方面，由于东汉末年的战乱，洛阳、长安的居民大批南迁，佛教僧侣也来到了江南。当时，南海交通发达，佛教从海路经由林邑（也称占城或占婆，今越南中南部）、扶南（今柬埔寨）等地也传到了广州、交州一带。南下和北上的佛教齐汇吴地，吴都建业遂发展为佛教重镇，成为江南佛教的中心。佛教南下的代表人物是月氏人支谦，北上的代表人物是来自交趾的康僧会。

支谦，又名支越，字恭明，生卒年不详。他是吴地著名的佛教居士、佛经翻译家。祖籍月氏，其祖父法度于汉灵帝（167~189 年在位）时率领数百人来华，寄居河南，受封“率善中郎将”。支谦自幼勤学中外典籍，精通多种语言。后受业于支亮，而支亮曾就学于著名佛经翻译家支谶，故世称“天下博知，不出三支”。支谦于汉献帝末年，与乡

▲ 支谦

人数十名避乱到吴国。吴王孙权闻得其博学才能，聘为博士，并使辅导太子孙亮。

自孙权黄武二年（223 年）至孙亮建兴二年（253 年），凡 30 年间，支谦广事译经，弘传佛法。他先后译出《维摩诘经》、《大明度无极经》、《大阿弥陀经》、《本业经》、《太子瑞应本起经》、《首楞严经》、《大般泥洹经》、《法句经》等大小乘经典共 36 部 48 卷。据说他曾依《无量寿经》、《中本起经》思想，作《连句梵呗》，对中国佛教音乐的形成也有过贡献。他还注解了自己翻译的《了本生死经》等。

支谦的译经，以继承支谶事业、宣传大乘“般若性空”思想为重点。如《大明度无极经》虽只是《道行般若经》的改译，但经过支谦的努力，将原译的晦涩难懂处，改得大都通畅可读，促进了般若理论在汉地的传播。又如与“般若”空观思想相通的《维摩诘经》，通过主人公在家居士维摩诘修行之事，宣传佛国与世间无二无别，佛教的根本目的，在于深入世间，解救众生，所以修道成佛不一定落发出家，居士也能达到涅槃解脱的境地。支谦本身就是居士，所以他译此经充分表现了大乘佛教善权方便以统万行的精神。此经后由姚秦鸠摩罗什重译，在门阀士大夫阶层中广为流行。

支谦还翻译了净土经典《阿弥陀经》，为了与鸠摩罗什译《阿弥陀经》相区别，一般称《大阿弥陀经》，全称《阿弥陀三耶三佛萨楼檀过度人道经》，2 卷。宣传阿弥陀净土信仰，称“一心念欲”生阿弥陀净土或听闻阿弥陀佛名字者，皆可往生西方“阿弥陀佛国”。

支谦作为在汉的西域人的后裔，有很好的“双语”基础，从而既能深刻地明了原文本意，又能用流畅的汉语恰到好处地表达出来。东晋支敏度赞扬他的译文“属辞析理，文而不越，约而义显，真可谓深入者也”①。支谦努力改“胡音”为汉音，也就是用意译取代音译。例如他把《摩诃般若波罗蜜经》意译为《大明度无极经》，其中像“须菩提”、“舍利弗”这类人名，都要意译成“善业”、“秋露子”。

▲ 维摩诘像

壁画(唐)　甘肃敦煌莫高窟第130窟

《维摩诘像》是以吴道子绘画风格描绘的维摩诘形象的最生动传神、最具代表性的杰作。画中的维摩诘手执麈尾，坐在胡床之上，貌似深陷声色犬马之中，然其目光炯炯，思虑深邃，非凡人所及。据《维摩诘经》中记载，维摩诘是一名在家居士，住在毗舍离城。

可见，支谦的译文力图适应汉人的口味，开了“意译派”的先河。由于过分强调意译，其译文的忠实性就不能不受到一定的影响。东晋道安、姚秦鸠摩罗什都曾对支谦译文的忠实性问题提出过批评；僧肇更是认为支谦所译是“理滞于文”，以致“常惧玄宗坠于译人”②。其实，从三国到西晋，支谦所开创的译风一直占据着重要地位。

①支敏度：《合首楞严经记》，见《出三藏记集》卷七。《大正藏》卷五十五，第49页上。

②僧肇：《维摩诘经序》，见《出三藏记集》卷八。《大正藏》卷五十五，第58页中。

26.“敦煌菩萨”竺法护

魏宰相司马炎（晋武帝）于265年篡夺魏之帝位，建都洛阳，国号为晋，史称西晋。后于280年灭了南方的吴国，统一天下。316年，北方胡族灭了西晋，中国历史进入了五胡十六国时代。、

西晋皇祚历时不长，只有半个世纪（265~316年），但其思想领域却非常活跃。王戎、王衍祖述何晏、王弼，仍主“以无为本”。裴頠著《崇有论》，斥责玄学贵无派；向秀、郭象注《庄子》，肯定一切存在都是合理的，为西晋统治和士族特权作理论论证。西晋玄学出现了“贵无”与“崇有”两派并存的局面。佛教大乘“般若”学用空无否定世俗世界；而小乘的“禅数”学，则是以法体实有论证士族品类等级的合理性。佛教内部对“空”、“有”的讨论，与玄学遥相呼应。在这种学术氛围中，佛教发展迅猛。

据《洛阳伽蓝记·序》载，西晋末的永嘉年间（307~312年）有42所佛寺。相传当时衡阳太守滕永文和晋阙公也设斋会诵经，礼拜佛像[①]。又据说西晋翻译经典的共有道俗12人，译出经律600卷，建寺180所，度僧3700人[②]。可见，西晋佛教已具有了相当的规模。

西晋的佛教是站在三国时代的延长线上，而译经仍然

①《法苑珠林》卷四十二。《大正藏》卷五十，第616页中。

②《释氏稽古略》卷一。《大正藏》卷四十九，第776页下。

是佛教的主要活动，从事翻译活动的国内外沙门和居士翻译了很多经典，其中最有成就的是竺法护。

竺法护是世居敦煌的月氏侨民，原来以支为姓，8 岁依竺高座出家，以后从师姓竺。他除诵读佛经外，还博览《六经》和百家之言，后随师游历西域各国，遍学 36 种语言，搜集了大量胡本佛经，带回长安。从晋武帝泰始二年到怀帝永嘉二年（266~308 年），他往来于洛阳、长安、敦煌之间，翻译经典，据《高僧传》记载为 165 部，隋朝《历代三宝纪》中的记载增加至 210 部，而在《开元释教录》中整理为 175 部。晋武帝末年，他一度隐居山中，随后在长安青门外立寺修行，声名远播，从学者达千余人。他又去各地传法，并随处译经。如他在酒泉译出《圣法印经》；在长安译出《须真天子经》等；在洛阳译出《文殊师利净律经》等。晚年行踪不详。

竺法护所译经，除小乘《阿含》中的部分单行本外，大部分是大乘经典，包括《般若》类的《光赞般若经》，《华严》类的《渐备一切智德经》，《宝积》类的《密迹金刚力士经》，《法华》类的《正法华经》，《涅槃》类的《方等般泥洹经》等等。早期大乘佛教各部类有代表性的经典都有翻译，为大乘佛教在中国的弘传打开了广阔的局面，梁僧祐在《出三藏记集·法护传》中评论说："经法所以广流中华者，护之力也。"正因为竺法护译经多，推进了佛教向社会的普及，故被当时的信徒誉为"敦煌菩萨"。

竺法护所译经中，最有影响的是《正法华经》、《光赞般若经》、《渐备一切智德经》等。《正法华经》十卷使印度大乘佛教的重要经典首次传到中国。经中通过许多比喻说明佛以"权方便"设种种教化以普度众生，使人人得以成佛。因有这部经典，产生了竺道潜、于法开、竺法崇、竺法义、竺道壹等研究《法华经》的专家。又由于《法华经》之“光世音菩萨普门品”的流传，导致了观音信仰的逐步兴盛。

《光赞般若经》10卷，与朱士行在于阗所得，竺叔兰等所译的《放光般若经》是同本异译。后东晋名僧道安曾将此经与《放光般若经》作对比研究，著《合放光光赞随略解》等书，促进了般若学的深入研究和广泛传播，西晋佛教界迎来了般若学研究的全盛期。

《渐备一切智德经》10卷，是《华严经·十地品》的异译本，主要讲述大乘菩萨修行所必须经历的十个阶段。后来，北朝菩提流支等译的《十地经论》，更具体地阐述了这一内容，并由此形成了专门研习《十地经论》的地论师。

竺法护译经忠实于原本而不厌详尽，一改从前译家随意删略的偏向，“言准天竺”，不加藻饰，这样“辞质胜文”的译文，用作对照异译的资料，对理解经义有很大帮助。道安在《合放光光赞随略解序》中称赞他译的《光赞般若》“事事周密”。

竺法护的译经事业得到了许多人的帮助。在他的译经工作中，有许多助手为之执笔、详校。其中著名的是聂承远和他的儿子道真，法护的弟子中有竺法乘、竺法首、张玄伯、孙休达、陈士伦、孙百虎、虞世雅等。聂承远父子对法护译事帮助最大，他们除承旨笔受外，聂承远又对法护所译部分经典加以删改整理。聂道真还将法护所译经典编成目录，即后世所称的《聂道真录》（亦称《竺法护录》）。

27. 玄学化僧人竺叔兰

竺叔兰是天竺人，祖父娄陀，因国乱被害，父达摩尸罗（意译“法首”）携妇及身为沙门的妻兄二人逃至中国，在河南定居下来，生叔兰。

竺叔兰自幼师从舅舅学习佛教经典。据载，他非常嗜酒，且每饮必醉，常大醉卧于路旁，无所顾忌。有一天，他醉后闯入河南郡门狂呼乱叫，被拘送狱。时河南尹乐广（字彦辅，玄学名士）与宾客饮酒已醉，“谓兰曰：君侨客，何以学人饮酒？叔兰曰：杜康酿酒，天下共饮，何以侨曰？广又曰：饮酒可尔，何以狂乱呼？答曰：民虽狂而不乱，犹府君虽醉而不狂。广大笑。时坐客曰：外国人那得白面？叔兰曰：河南人面黑尚不疑，仆面白复何怪耶？于是宾主叹其机辩，遂释之。”[①]据传，他后来因惧怕佛教所说善恶因果报应之说，于是“改节修慈，专意经法”，从事译经传教活动。竺叔兰嗜酒放纵，以及与乐广等人的一番对话，都表明他受到了西晋崇尚玄谈的社会风气的影响，是一位典型的玄学化了的僧人。

① 《出三藏记集》本传。《大正藏》卷五十五。第98页中。

竺叔兰于元康元年（291年）和无罗叉在陈留仓水南寺共译《放光般若经》20卷（现存）。竺叔兰后在洛阳自译《首楞严经》2卷2部、《异维摩诘经》3卷，其书皆佚。

《放光般若经》的译出比《光赞般若经》晚了九年，但因后者长期流行于甘肃、凉州一带，没有传到中原，所以在鸠摩罗什译出《摩诃般若经》（后秦弘始六年，404 年）之前，一直是社会上最流行的《大品般若经》译本。《放光般若经》的译出在社会上影响很大，流传于当时盛行清谈、玄学的中原知识阶层中。当时研读《放光般若经》的名僧，有支孝龙、法祚（注《放光般若经》）、竺僧敷、竺法深、安慧则、康僧渊、支敏度等。此外，据《高僧传》载：于法开，“善《放光》及《法华》……乃出京讲《放光经》”；竺法汰受请为晋简文帝讲《放光般若经》；竺法蕴“悟解入玄，尤善《放光般若》”；后秦僧叡“尝听僧朗法师讲《放光经》，屡有机难”；《祐录》载：支道林撰《大小品对比要抄序》；前秦道安“昔在汉阴十有五载，讲《放光经》，岁常再遍，乃至京师（长安）渐四年矣，亦恒岁二……”。鸠摩罗什译出《摩诃般若经》以后，《放光般若经》仍为一些佛教学者所重视。东晋名僧僧肇在其佛学名著《肇论》中就多次引用了《放光般若经》作为理论依据。

《首楞严经》（全称《首楞严三昧经》）是汉魏以来比较流行的另一部大乘佛经。首楞严三昧，意为健相定、健行定、勇猛伏定、勇伏定、一切事意定等，为大乘禅定之一。此经谓修此禅定可得无限神通。此经有多种译本，如东汉支娄迦谶译本、东吴支谦译本、西晋竺法护和竺叔兰译本，西晋末年支敏度为以上四种译本作了校对。现存本为鸠摩罗什的译本。《维摩诘经》也是汉魏以来比较流行的一部大乘佛经。吴支谦首译（今存），西晋竺法护、竺叔兰皆有译本，支敏度以支谦所译为底本，附上法护和叔兰所译为《合维摩诘经》5 卷。现存本有支谦、鸠摩罗什和唐玄奘的译本。

28. 帛法祖与《老子化胡经》

与竺法护大约同时在长安译经的，还有帛法祖。法祖名帛远，号法祖，俗姓万，河内（河南沁阳）人。父威达，以儒雅知名，州府辟命皆拒之不理。法祖自幼出家，深研佛经，博读世典。在长安建筑精舍，以讲习为业，僧俗禀受者近千人。晋惠帝末年，镇守关中的河间王司马颙对法祖“虚心敬重，待以师友之敬，每至闲辰靖夜，辄讲谈道德”[①]。

当时，道士祭酒王浮与帛法祖争佛道之高下，王浮争他不过，愤而作《老子化胡经》，攻击佛教，成为西晋佛道二教争论优劣中的一大公案。“老子化胡”说是东汉桓帝时代就已有的说法。老子是道教所信奉的教主，传说老子晚年出关而不知去向。“老子化胡”的说法就解释成老子西出阳关，经西域到了天竺，化身为佛，教化胡人，这才产生了佛教。王浮即据此说法而撰写成《老子化胡经》以与帛法祖等佛教徒相抗衡。其结果是佛教获胜。

永安元年（304年），张辅为秦州（今甘肃天水）刺史，法祖与之俱行，辅以其声名远扬，欲令其还俗为己僚佐。法祖不从，得罪了张辅。不久，州人管蕃又在张辅面前进法祖的谗言。张辅派人杀了法祖。帛法祖在关陇一带汉族和内迁少数民族中享有很高的威望，被“奉之若神”。因

① 《高僧传》卷一之《帛远传》。《大正藏》卷五十，第327页。

此，人们对其死表示极大的悲痛和愤恨，他们“共分祖尸，各起塔庙”，以便供养。

帛法祖精通胡汉语言，除了为《首楞严经》作注外，还译有《菩萨修行经》1 卷、《佛般泥洹经》2 卷、《大爱道般泥洹经》1 卷、《菩萨逝经》1 卷、《贤者五福德经》1 卷等 16 部 (上述五部现存)。《菩萨修行经》主张菩萨应从 42 个方面来作禅观修行，谓通过种种观想，可消除一切贪爱情欲和迷误见解；《佛般泥洹经》讲释迦牟尼去世前的说教和有关逝世的宗教传说；《大爱道般泥洹经》讲释迦牟尼的姨母大爱道与五百比丘尼不忍见到佛陀先于她们“涅槃” (逝世) 而先行“涅槃”的传说。

帛法祖弟子众多，以法祚最为知名。法祚 25 岁出家，深洞佛理，为《放光般若经》作注，著《显宗论》等。

西晋译经者中比较知名的，还有：疆梁娄至，西域人，于武帝太康二年（281 年）在广州译《十二游经》1 卷 1 部；安法钦，安息人，于同年迄惠帝光熙元年（281~306 年）在洛阳译《道神足无极变化经》4 卷、《阿育王传》7 卷等 5 部；沙门法立、法炬于晋惠帝和怀帝之际（约 3 世纪与 4 世纪之交）在洛阳合作译经，译有《法句本末经》(也称《法句譬喻经》) 4 卷、《福田经》（或云《诸德福田经》) 1 卷、《楼炭经》6 卷、《大方等如来藏经》1 卷；沙门支法度，在惠帝永宁元年（301 年）译出《逝童子经》1 卷、《善生子经》1 卷等 4 部（上述两部现存）；外国沙门若罗严，译出《时非时经》1 部（现存）。

西晋的佛经翻译从内容上看，主要是大乘佛经；而在各类大乘佛经中，又以般若类经典所占分量较大。如被誉为“敦煌菩萨”的竺法护所译佛经，主要是在于弘扬般若性空的思想；竺叔兰、无罗叉译出《放光般若经》盛行于当时；淮阳支孝龙，常钻研《小品》以为心要；法祚作了一部《放光》的注解。另外，《首楞严》在西晋有竺法护、竺叔兰两种译本，帛法祖还作了一部注解。可见，般若类经典在当时受到高度重视。从社会影响来看，以竺叔兰、无罗叉译的《放光般若经》和竺法护译的《正法华经》最为流行，在中国佛教史上地位显赫。从翻译者看，除了华籍胡裔如竺法护（世居敦煌的月支后裔）、竺叔兰（生于河南的天竺后裔）之外，还有汉族僧人帛法祖等人。译经者队伍在不断壮大。一些汉族知识分子作为助手，如聂承远、聂道真、祝太玄、张玄伯、孙休达、张仕明、张仲政等等参加了译经工作。这些汉族知识分子在译经过程中难免会受到本土文化及当时魏晋玄学的影响。可以说，他们的参与加速了佛教的中国化进程。

总的说来，三国、西晋时的佛教比东汉有了很大程度的发展。除有戒律的传入和僧人受戒外，在统治者的支持下，寺庙和僧尼人数都有所增加。但这一时期的佛教活动，主要还是对佛经的翻译，佛教还没有形成独立的体系，仍依附于玄学。

29. 神僧佛图澄

北方“五胡十六国”中以石勒、石虎父子的后赵、苻坚的前秦和姚苌、姚兴父子的后秦对佛教最为崇奉。后赵佛教的佛图澄有“神僧”之称，与石勒父子关系极为密切。

佛图澄，西域人，本姓帛氏；9岁出家，曾学习说一切有部的小乘佛教；西晋永嘉四年（310年）经敦煌来到洛阳；东晋永和四年（348年）于邺都（今河南临漳县西南）去世，时年117岁。佛图澄能诵经数十万言，博闻强记，与中土学人论辩，辩才无碍；又重视戒学，平生“酒不逾齿、过中不食、非戒不履”。佛图澄尤以神异名世，《高僧传》将其归入“神异”部，记述了他的许多神通事迹，说他志弘大法，善诵神咒，能役使鬼神，天眼打开可彻见千里之外的事情；又能预知吉凶，兼善医术，能治痼疾，为时人所顶礼膜拜。

石勒、石虎父子以残暴闻名，佛图澄通过石勒的大将军郭黑略，以神异折服石勒，后来的石虎也很敬重他，尊他为“大和上”，佛图澄也常劝诫二石要“不为暴虐，不害无辜”。在后赵两代统治者石勒、石虎的支持下，佛图澄大力推广佛教，使佛教在后赵得到广泛的传播与发展。西晋以前，官方只准西域人出家，石虎治下的后赵公然允许汉人为僧。此后民众相率出家，计当时有寺院890所之多，后赵佛教可谓盛极一时。

▲ 佛图澄

佛图澄虽无译经和著述流传下来，但其门徒中不乏义学高僧。在其门下聚集了大批英才。当时，慕佛图澄高名而来拜师受业者，远及西域名僧竺佛调、须菩提，近有中土大德释道安、竺法雅等人，门下受业追随者常有数百，前后门徒几近万人。

▲ 佛图澄神异故事画　唐代　敦煌莫高窟第323窟

《高僧传》中叙述佛图澄的神通事迹颇多，说他善于诵神咒，能役使鬼神，能看见千里之外的事，又能听塔上的铃声来预知吉凶。在神仙思想盛行的社会里，他这样做是一种方便法门。

其弟子中著名的有法首、法祚、法常、法佐、僧慧、道进、道安、僧朗、竺法汰、竺法和、竺法雅和比丘尼安令首等。其中的道安可以称得上中国佛教发展史上的划时代人物，而慧远又是道安的弟子。佛图澄、道安和慧远一系在中国佛教史上影响卓著。僧朗也以神通法术而著称于世，受到几代帝王的尊崇，南燕慕容德授予他“东齐王”称号。僧朗对《放光般若经》也有研究，其弟子僧叡是著名的般若学者。中山竺法雅同康法朗开创“格义”方法。比丘尼安令首是石赵时兵部令徐冲的女儿，从佛图澄和净检尼受戒，博览群籍，广造佛寺，从她出家的有200余人。东晋十六国和南北朝佛教以佛图澄及其活动为起始，对中国佛教产生了深远影响。

30. 道安及其活动

道安是佛图澄最著名的弟子,是建立中国化佛教的第一位高僧，在中国佛教发展史上地位显赫。他生于西晋怀帝永嘉六年（312年，一说314年），卒于孝武帝太元十年（385年），常山扶柳人（今河北冀县境内）；12岁出家，受戒后游学四方。约335年，道安到河北邺都拜佛图澄为师，直到348年佛图澄去世。道安一生重禅修、戒律，精研毗昙、般若，可以说在很大程度上受佛图澄的影响。

365年，襄阳大名士习凿齿迎请道安往彼处弘法，道安遂率弟子400余人到达襄阳。史载习凿齿曾以“四海习凿齿”自许，道安则对以“弥天释道安”。在襄阳15年，道安受南方佛教重义理的影响，集中研习般若。每年讲两次《般若经》，还对《般若》和《安般》等经作注，收集整理经典、编撰经录，受到时人推崇。

379年，前秦苻坚遣苻丕攻占襄阳，道安和习凿齿来到长安。苻坚对佛教有浓厚的兴趣，称发兵南下，只为获得一个半人而已，一人指道安，半人指习凿齿。道安十分注意获取统治者对佛教的支持，认为“不依国主，则法事难立”。这种竭力将佛教与世俗统治者相协调的思想对以后中国佛教的发展也产生了重大的影响。

▲ 道安像

道安住长安五重寺，于385年去世。在此七八年的时间里，道安最主要的活动是组织翻译。译经内容着重小乘说一切有部经典，如昙摩难提译《中阿含经》、《增一阿含经》、《三法度论》，僧伽提婆译《阿毗昙八犍度论》、鸠摩跋提译《摩诃钵罗密经抄》，道安和竺佛念、道整、法和等参加了翻译工作，考订译文。道安晚年在长安主持译事，共计译出众经10部187卷，百余万言。除般若经典外，还重视对禅修和小乘毗昙经论的译介，这些都对以后中国佛教的发展产生了重要影响。道安还总结佛经翻译的经验，提出“五失本、三不易”的翻译方法性原则，这些总结对以后的佛经翻译产生了影响。所谓“五失本”，就是在译梵为汉时要注意5条失去原文本来面目的事项，在这5项规定之内，即使失去梵本的原形也是不得已和可行的。所谓“三不易”，是指三种在翻译中不容易处理好的情况。这些见解受到后世的赞扬。在长安时期，道安还多次敦促苻坚迎请鸠摩罗什。

道安注重对前代和当时所出经论的介绍和整理工作，其成绩主要体现在他所写的大量经序和注疏之中。据《出三藏记集》、《隋众经目录》和《历代三宝记》的记载，道安的著作共约60种。其中佚失约40种，现存约20种。这些著作涉及方等、阿含本缘、毗昙、禅修和律仪等广泛领域。现存著作中有各种经论序言16篇，其中15篇见于《出三藏记集》，《鼻奈耶经序》载于《大正藏》24卷《鼻奈耶经》卷首；注疏一种即《人本欲生经注》1卷。这些序和注对阐明经义的作用很大，有的学者认为道安才是中国佛典注疏的真正始祖。在这些著述中也包含了道安自己的佛学思想，尤其是对般若空宗经典的研究有独到之处。道安的般若理论被称为“本无宗”，是“六家七宗”之一，推动了般若思想的流传和发展。

道安又开创了中国编纂佛经总录的先河。安录分经论录、失译经录、凉土失译经录、关中失译经录、古异经录、疑经录和注经及杂经录7部分，以译人年代为次，自后汉安世高至西晋末法立，共著录17家（其中误竺法护和昙摩罗刹为两人，实为16家）、264部、459卷经论。惜道安录已佚，后人称为《综理众经目录》，亦称《道安录》、《安录》。现存最古的经录梁僧祐所撰《出三藏记集》的第二部分经录本文，就是在全部吸收《道安录》的基础上加以扩充而成的，从中可窥《安录》之一斑。

道安提倡沙门以释为姓。初魏晋沙门依师为姓，故姓各不同。安以为大师之本，莫尊释迦，乃以释命氏。这条规定被中国佛教徒传承至今。另外，道安还制定了僧尼赴请、礼忏等行仪规范，使佛教僧尼活动进一步规范化。

道安弟子众多，是当时中国最大的僧团。其高足有慧远、慧永、慧持、法遇、昙翼、道立、昙戒、道愿、僧富等，其中以后来成为东晋佛教领袖的一代大师慧远最为著名。道安在新野和襄阳两次分遣徒众，扩大佛教的影响范围，东至扬州，西抵四川，南达长沙，都有道安的弟子。道安僧团的势力由北向南推移，由黄河流域扩展到长江流域，这是中国佛教史上的一个重要事件。

道安还是一个虔诚的弥勒信徒，曾与隐士王嘉、弟子法遇、昙戒、道愿等8人在弥勒像前发誓，祈愿兜率往生，在中国兴起了佛教的弥勒信仰。其弟子慧远却发愿往生弥陀净土，与道安归宿不同。这一问题值得深入研究。

31. 译经大师鸠摩罗什

后秦佛教在译经大师鸠摩罗什的倡导下呈现出兴盛的局面。鸠摩罗什（344~431年），龟兹人（今新疆库车南），生于一个崇奉佛教的家庭，母亲是龟兹国王之妹，其父鸠摩罗炎弃相位出家，为龟兹王国师。鸠摩罗什7岁时随母出家，同游北印度。鸠摩罗什的佛学根基是先学习小乘而后转向大乘的。他还曾学习《十诵律》，后往龟兹国新寺，学习《放光》，通达诸大乘经论。鸠摩罗什以大乘学者的身份而名闻西域各国。

鸠摩罗什之名远播到当时前秦的京城长安，前秦主苻坚深为仰慕，又有道安的敦促，于是遣大将吕光于382年出兵龟兹，命其速送鸠摩罗什至长安。但当吕光攻下龟兹时，苻坚已亡国，吕光遂在凉州建立后凉，鸠摩罗什在后凉停留了大约十六七年之久。

401年，后秦姚兴灭后凉，鸠摩罗什被后秦迎请到长安。姚兴待鸠摩罗什以国师之礼，让他在逍遥园西明阁专事翻译。鸠摩罗什的逍遥园译场成为国家译场的肇始，这在中国佛教发展史上也是具有重大意义的事件。

自鸠摩罗什始，佛教译经正式成为国家的文化事业，由国家出资，组织人力，进行翻译，促进了中外文化交流。

▲ 鸠摩罗什像

其后10余年中，鸠摩罗什从事译经和讲解经论，门徒数千，在中国佛教史上有深远的影响。据《出三藏记集》记载，其所翻译的经典有35部294卷之多。如《大品般若经》、《妙法莲华经》等大乘经典，《坐禅三昧经》等禅学经典，《十诵律》等律典，《中论》、《百论》、《十二门论》、《大智度论》、《成实论》等论典，以及马鸣、龙树等人的传记，涵盖了佛典经、律、论三藏内容。鸠摩罗什不愧为中国佛教史上第一位真正的译经大师。

鸠摩罗什的译经风格发生了转变，由过去质胜于文、过于古朴的直译风格，开始运用达意的方法，使中土诵习者易于接受理解，从而为佛教义学的展开开辟了道路。鸠摩罗什精通梵汉两种语言，又颇具文学鉴赏力和表达力，是来华的外国译师中最精中土语言的人；再加上鸠摩罗什对于佛教义理，尤其是对大乘空宗学说的精研和独到见解，使其在译经时能够做到“信”与“达”双融。他的许多译文成为中国佛教大藏经中的定译。

鸠摩罗什用这种方法译介了般若系统的大乘经典和龙树、提婆系统的中观部论著。所译龙树一系的中观理论以及鸠摩罗什在《大乘义章》等著述中所表述的般若思想，被称作“关河所传”，推动了中土般若学的发展。另外，鸠摩罗什的译经几乎成为了以后各学派、宗派的主要经典依据。

鸠摩罗什弟子众多，有“关内四圣”的僧肇、僧叡、道生、道融，加上道恒、昙影、慧观、慧严而成“八宿”，还有僧导、僧嵩等30余位高僧。其中僧肇、僧叡对般若学的研究有极高的造诣。僧肇著有《不真空论》、《物不迁论》、《般若无知论》等，将般若学中观理论与中国道家思想融会贯通，批判总结了魏晋以来中土人士对般若学理论理解上的偏差，在“六家七宗”的基础上建立起自己的“不真空论”，将中土般若学理论推向高峰，僧肇被鸠摩罗什夸赞为“解空第一”。僧叡对般若理论在中土发展过程的总结是研究魏晋佛教史的重要资料，至今仍有极高的参考价值。道生孤明先发，倡“一阐提皆可成佛”与“顿悟成佛说”，是中国佛教义学实现由般若学向涅槃学转变的关键人物。道恒是“六家七宗”之“心无义”的主张者之一。慧观创立五时教判。鸠摩罗什死后，僧肇、道融等仍留长安；道生、慧观、僧叡、僧导等迁居南方，鸠摩罗什所传大乘经典流布到了江南。

由于鸠摩罗什的影响，后秦首先创立了管理僧尼的国家机构，鸠摩罗什弟子被任命为僧正。此后经北魏至隋唐，形成了比较完备的僧官制度。

32. 法显的西行求法

三国时代的朱士行是中土僧人西行求法的第一人。他有感于当时般若经典翻译不完备和对般若义理理解上的困惑，发誓西行求得般若原典。十六国时期，相继有大批僧人西行求法，而其中最为有名的僧人是东晋法显。他发誓西行的目的主要是求取律藏相关典籍。

法显（339~420 年），东晋时僧人，本姓龚，平阳武阳人（今山西临汾西南）。3 岁即成沙弥，20 岁受具足戒。他慨叹律藏残缺，矢志前往印度寻求。于东晋隆安三年（399 年）和慧景、道整、慧应、慧嵬等一起从长安出发西行。渡沙河，过葱岭，在翻越小雪山时失去了慧景。徒行数万里，在路上走了 6 年，经 30 余国而到达北天竺，再经迦施国抵中天竺。在摩竭提国的天王寺停留 3 年，学习梵语，取得《摩诃僧祇阿毗昙》、《摩诃僧祇律》、《萨婆多律抄》、《杂阿毗昙心论》、《方等般泥洹经》等经论及佛像。他遍历北、西、中、东印度，研究佛法和巡礼各地佛教胜迹。后与客商一道至狮子国（今斯里兰卡），这时，同行11人中或半途而废，或死于途中，至狮子国时仅剩法显一人。在狮子国停留两年，取得《弥沙塞律》、《长阿含经》、《杂阿含经》及《杂藏经》梵本。后乘商船东还，途中又遇

▲ 法显

大风，几经周折，于义熙八年(412年)抵青州长广郡牢山（今山东劳山湾一带)，前后共14年，游历所经将近30国，历尽艰险，携回很多梵本经典。

后法显又南下建康，和佛陀跋陀罗同在道场寺翻译6卷《泥洹经》、《摩诃僧祇律》、《大般涅槃经》和《杂阿毗昙心论》等，但仍有许多带回的梵本没有来得及翻译出来。他还写了一部著名的旅行见闻《佛国记》（又名《高僧法显传》，又称《历游天竺记》)，记述了14年间对西域各国的佛迹、宗教、风俗、地理的所见所闻和旅途的艰辛，为后世提供了有关当时中亚细亚及印度的重要史料，颇受近代中外学者的重视。该书还具有较高的文学价值，如在《度沙河》中对沙河情形的描述："沙河中多有恶国热风，遇则皆死，无一全者。上无飞鸟，下无走兽，遍望极目，欲求度处则莫知所拟，唯以死人之枯骨为标帜耳。"可谓惊心动魄、耸人听闻。法显《佛国记》与玄奘《大唐西域记》和义净《大唐西域求法高僧传》一起，成为研究中亚古代社会政治概况、中西交通史及文化交流过程的重要史料。《佛国记》还被翻译成英、法等多国文字。法显西行求法的译著，不仅为佛教经论宝库增添了新的篇章，对印度和斯里兰卡等国的文化输出输入做出了巨大贡献，而且增强了中斯两国之间的友谊，时至今日，法显的名字还被看成是中斯两国友好的代名词。

法显死于荆州（今湖北江陵县）辛寺。自399年从长安出发，至412年返回青州，法显西行历时14年。法显西行给中土佛教带回了梵本律藏和一些小乘经论，为中土佛教律藏的建立做出了贡献。当时西行求法的僧人除法显外，还有智严、宝云、法勇和智猛等人。他们带回的梵本佛典和对之的传译，不同程度地促进了中国与西域、印度的文化交流，推动了中国佛教的进一步完善。

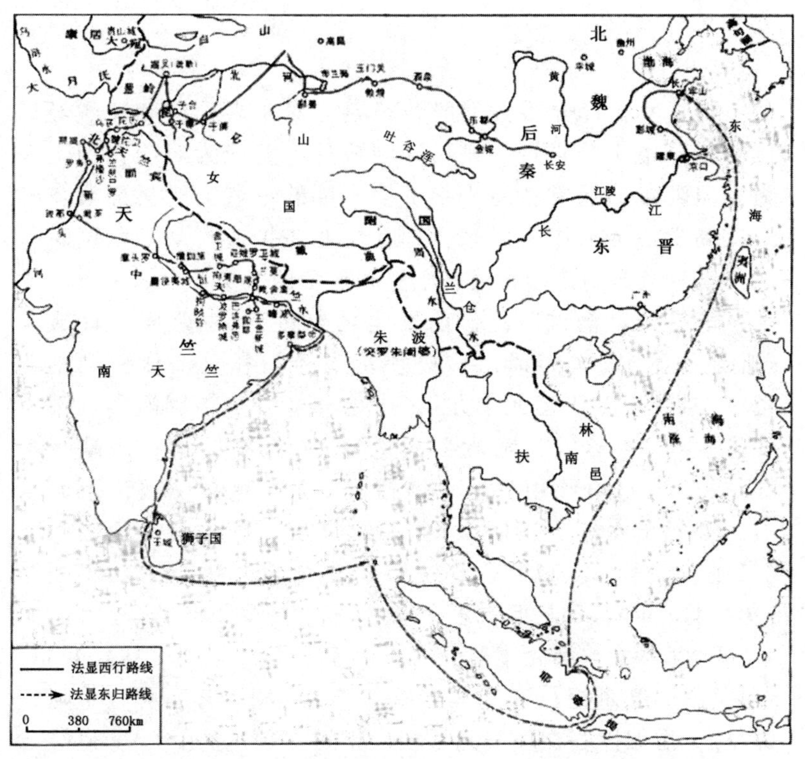

▲ 东晋法显西行求法路线图

法显(339~约422年)，是东晋时期前往印度求法的著名历史人物。法显还详述西行求法的经历，留下了《历游天竺记传》1卷，对于后来去印度求法的人起了很大的指导作用。

33. 毗昙和律藏经典的流传

鸠摩罗什译介了大乘般若经典，对小乘论藏和律藏经典的传译也十分重视。毗昙即阿毗昙，意译为对法，即论藏，但阿毗昙通常特指小乘萨婆多部的论藏。毗昙经典自安世高学说传入中土以来，即在华北一带流行。十六国时期，毗昙经典的传译大致有毗昙和阿含两大类。

毗昙类：僧伽跋澄于前秦建元十九年（383 年）译成《毗婆沙论》，次年译出《婆须密集经》和《僧伽罗刹集经》。僧伽提婆于建元十九年（383 年）译出《阿毗昙八犍度论》，次年译成《阿毗昙心论》。《八犍度论》因缺少"因缘品"，390 年由昙摩卑增补。后来，僧伽提婆南下庐山，太元十六年（391 年）为慧远译出《阿毗昙心论》和《三法度论》。昙摩耶舍（法明）在弘始九年至十六年间（407~414 年），和昙摩掘多合译《舍利弗阿毗昙论》。

阿含类：竺佛念于建元二十年至二十一年间（384~385 年），由昙摩难提口诵梵本，译出《增一阿含经》和《中阿含经》；僧伽提婆在隆安元年至二年间（397~398 年），也曾和僧伽罗叉合译《中阿含经》；佛陀耶舍于 410 至 412 年译出《长阿含经》，至此，《四阿含经》除《杂阿含经》外全部译成汉文。昙摩耶舍的弟子法度专习小乘，禁读方等

(般若）经典，由此可见当时小乘毗昙学的流行。

律藏即佛教戒律典籍。自三国魏时中印度昙柯迦罗来洛阳译出《僧祇戒心》以来，佛教的戒律和受戒仪式陆续传入中国。比较完备地传入律藏典籍，是在东晋十六国时期。竺佛念于建元七年至八年间（371~372年）与昙摩持合译《十诵比丘戒本》；和昙摩持、慧常合译《比丘尼大戒》。弗若多罗精通《十诵律》，弘始六年（404年）由弗若多罗口诵，鸠摩罗什翻译。译事未完，弗若多罗去世，后由昙摩流支（法东）帮助译完。卑摩罗叉（无垢眼）于弘始八年（406年）来到长安，鸠摩罗什死后，他在江陵辛寺开讲《十诵律》，又分鸠摩罗什所译《十诵律》58卷为61卷。《高僧传·卑摩罗叉传》称“律藏大弘，叉之力也”。佛陀耶舍（觉明）于弘始十二年至十五年间（410~412年）译出《四分律》、《四分戒律》；东晋佛陀跋陀罗译出《摩诃僧祇律》；刘宋佛陀什译出《五分律》。至此，律藏典籍基本上齐备了。

《四分律》在律藏典籍中传播最为广泛。此律译出60多年后，先有法聪律师及其弟子道覆进行讲解、注疏；继有慧光律师及其弟子们对之研习弘通，《四分律》逐渐盛行，并奠定了律宗成宗的理论基础。慧光的三传弟子智首，撰《四分律疏》若干卷，弘扬律学30余年，产生了重大影响。弟子道宣继承智首大师的律学遗风，继续弘传律学，作有《四分律删繁补缺行事钞》、《四分律比丘含注戒本疏》、《四分律删补随机羯磨疏》、《四分律拾毗尼义钞》、《四分比丘尼钞》等，合称五大部。道宣又在终南山创设戒坛，制订佛教受戒仪式，正式建立宗派。律宗将佛教所制诸戒归纳为“止持”、“作持”二类。“止持”即“诸恶莫作”之意，指比丘、比丘尼二众制止身口不作诸恶的“别解脱戒”；“作持”即“众善奉行之意，包括安居、说戒、悔过等行持的种种规则。南山五大部的内容不能超出这两大类的范围。律宗在唐代天宝十三年（754年），由扬州大明寺鉴真和尚传到日本，日本的律宗由此开始。

34. 江南“贵族佛教”

东晋开国皇帝司马睿即位后任命的军政首脑大都为北方大族，山东琅琊士族王导任丞相，王导从兄王敦都督六州军事，时人称“王与马，共天下”。整个东晋士族在政治上占有极高的地位，士族影响了整个社会的思想和文化风气。

士族崇尚“清谈”，名士与名僧互相往来，承袭了魏晋以来佛玄交融的风尚。东晋不少大臣都崇尚“清谈”。丞相王导“过江左，止道《声无哀乐》、《养生》、《言尽意》三理而已”，王导作为士族的代表，他的这种爱好具有代表性。其他如王敦“雅尚清谈，口不言财色”，庾亮“善谈论，性好《庄》、《老》”等等，皆为一时风气，玄学清谈与佛教般若学交融的思潮一直延续下来。

襄阳名士习凿齿在《释道安书》中概括明帝时佛教之盛况说“道业之隆，莫盛于今”。元帝司马睿、明帝司马绍、孝武帝司马曜与权臣司马道子皆崇信佛教，以致僧尼入朝，干预政事。成、康二帝时的大臣何充、穆帝时任中军将军的殷浩也都对佛教情有独钟。其他如谢安、许询、王恭、孙绰和郗超等人，对佛教尤其是般若经典，都颇有研究。其中孙绰、郗超二人分别在《喻道论》和《奉法要》

中提出“儒佛同一”、“调和佛儒”的思想，代表了当时名士对佛教的理解。著名画家戴逵也是一个虔诚的佛教信奉者。帛尸梨密多罗、康僧渊、康法畅、竺道潜、支遁、竺法义、于法兰、于法开、于道邃和慧远等都是著名的僧人。

帛尸梨密多罗，西域人，于西晋永嘉年间（307~312年）来到洛阳，后住于三国时吴国康僧会所建的建初寺。丞相王导见而奇之，对他尊敬有加。帛尸梨密多罗善于咒术，翻译了《大孔雀王神咒经》、《孔雀王杂神咒》和《大灌顶神咒经》等经典，最早把密教传到建康。他还擅长梵呗，将“高声梵呗”授与弟子觅历，流传后世。相传，中国的梵呗始于三国时魏国的曹植，后支谦根据《无量寿经》和《中本起经》而作《菩萨连句梵呗三契》，康僧会也作过梵呗，帛尸梨密多罗加速了梵呗的流行，以后随着受孝武帝（373~396年在位）归依的支昙龠所歌咏的六言梵呗传至江南，梵呗随贵族佛教的繁荣而流行起来。

竺道潜为东晋初期军事首脑王敦之弟，18岁出家，24岁讲解《法华经》及《大品般若经》，听众常达500余人。340年，庾冰代成帝作诏令沙门应敬王者，何充等上书反对，形成第一次“沙门拜俗”之争。在这种形势下，竺道潜隐居会稽剡山达30余年之久，精研般若经典，是东晋时期佛教般若学“六家七宗”中“本无异宗”的创始人之一。何充尊之为师，屡相邀请。名僧支遁对他也十分尊敬，称之为“上座”。《高僧传·竺道潜传》记载了他与刘惔的一段对话：“嘲之曰：‘道士何以游朱门？’潜曰：‘君自睹其朱门，贫道见为蓬户。’”孙绰在《道贤论》中把他比作“竹林七贤”中的刘伶。

支遁家世事佛，年25出家，精通大乘般若学，对支谶所译《道行般若经》和支谦所译《慧印三昧经》尤有钻研，讲解佛经善于抓住般若学的基本思想而不拘泥于字句，与

▲ 竹林七贤图

"竹林七贤"指的是晋代七位名士：阮籍、嵇康、山涛、刘伶、阮咸、向秀和王戎。他们放达不羁，常于竹林下酣歌纵酒。其中最为著名的酒徒是刘伶。《酒谱》讲述刘伶经常随身带着一个酒壶，乘着鹿车，一边走，一边饮酒，一人带着掘挖工具紧随车后，什么时候死了，就地埋之。阮咸饮酒更是不顾廉耻，他每次与宗人共饮，总是以大盆盛酒，不用酒杯，也不用勺酒具，大家围坐在酒盆四周用手捧酒喝。猪群来饮酒，不但不赶，阮咸还凑上去和猪一齐饮酒。向秀好老庄之学，作《庄子隐解》，解释玄理，对玄学的盛行起了推动作用。

当时名流许询往返辩难，探求佛经精义。他是般若学"六家七宗"中"即色宗"的主张者，在鸠摩罗什及僧肇以前，他对"空"的理解是最接近于般若学正宗的。支遁是名僧与名士的代表人物，喜鹤养马，善草隶，好诗歌。孙绰《道贤论》将其比作"竹林七贤"中的向秀。他注《庄子·逍遥游注》中所表现出来的思想，被认为与当时的郭象、向秀《庄子注》不同，称为"支理"。他在《阿弥陀佛像赞并序》中表达了对西方净土的向往。

于法兰在15岁出家，后曾赴西域求法，行至交州（今广西苍梧县）生病，死于象林（今越南承天顺化附近）。于法兰时以清谈名僧知名，孙绰《道贤论》将他比作"竹林七贤"之阮籍，支遁为之立像并称赞他的高德。

于法兰弟子中以于法开和于道邃最为著名。于法开善《放光般若经》和《正法华经》，又通医术。他是"六家七宗"中"识含宗"的创立者，常与支遁辩论"即色空义"。于道邃，敦煌人，年16出家，师事于法兰。《高僧传·于道邃传》称其"学业高明，内外该览，善方药，美书札，洞谙殊俗，尤巧谈论"。他是"六家七宗"中"缘会宗"的提倡者。与于法兰同经南方去西域，途经交趾(今广西苍梧县一带) 病故，时年31岁。于道邃以清高知名，孙绰《道贤论》把他比作"竹林七贤"中的阮咸。

康僧渊、康法畅等人也是以清谈知名的高僧。王导曾以康僧渊鼻高眼深而戏之，康僧渊（西域人）回答说："鼻者面之山，眼者面之渊，山不高则不灵，渊不深则不清。"时人以为"名答"。

总之，在帝王和士大夫的支持下，江南贵族佛教发展迅速，魏晋玄学与般若学的交融进入了新的发展阶段。

35. “六家七宗”

两晋时期佛教理论的主流思潮是般若性空学说。东汉末年支娄迦谶传译《道行般若经》，三国时吴支谦又将此本重译名为《大明度无极经》，西晋初期朱士行西行求得梵本《般若经》，遣弟子送回洛阳，由无叉罗译出名《放光般若经》，同时，竺法护得到此经的另一个梵本，译成《光赞般若经》，这些经典的译出为般若性空学说的形成奠定了理论基础。

般若经典义理艰深，有的僧人就用人们熟悉的《老》、《庄》思想比附般若义理，这就是中山竺法雅所倡导的“格义”的解读方法。佛教学者往往用玄学的观点去理解和阐释《般若经》的思想，对佛教般若学的“空”产生了不同的理解，从而形成了“六家七宗”。

“六家七宗”的出现反映了中国佛学独立发展的过程，它并不完全符合印度佛教般若空宗的本意。僧肇批判了“六家七宗”对“空”的理解，撰写了《不真空论》等论文，明确阐明了“不真即空”的大乘空宗要义，是中国佛教发展的重要一环。

“六家七宗”是指道安、慧远为代表的“本无宗”，支遁为代表的“即色宗”，于法开为代表的“识含宗”，道壹为代表的“幻化宗”，支敏（愍）度为代表的“心无宗”，于道邃为代表的“缘会宗”。“本无宗”中又有以竺法深（即竺道潜）为代表的“本无异宗”，连同前面的“六家”，共为“七宗”。

“本无”、“心无”和“即色”宗三家最具有代表性，“缘会”可归于“即色”宗，“识含”和“幻化”两家可归入“心无”宗。“本无宗”的基本观点是“无在万化之前，空为众形之始”。道安认为，世界万物是自身在变化，并没有主宰者，具体事物不是从虚空之中产生的，而是“元气陶化”，禀形受象而生成的；禀形之后，万物虽自然变化，但在此之前，却有“空”、“无”存在，也就是说在“元气”造化万物之前有一个绝对空无的状态存在，而这样的状态正是万物的本体。道安的“本无”论实际上包含了两个方面的内容：第一，世界的本体是“无”，即“本无”；第二，人们必须认识到“无”这个本体，才能达到佛教所言的解脱境界。

竺法深“本无异宗”的观点是“本无者，未有色法，先有于无，故从无出有，即无在有先，有在无后，故称本无。”在此，“本无”的意思是无在有先，有在无后；从无生有，有生于无。这个“无”的本质是绝对的空无，由这个绝对的空无中生出万物。道安的“本无”似与“禀化”、“冥造”万物的“元气”有着某种联系，虽然在万物禀化之前仍然存在“无”这样一种状态，但万物是自己禀承元气而生成变化的，而不是由这种“无”生成的，因此，竺法深的这种绝对的空无与道安的“本无”是有所差异的。“本无宗”的这种思想与魏晋时期何晏、王弼的玄学“贵无”论是相似的。

支敏度“心无宗”对“空”的理解是，并不是说所有外界的万物和内在的心一切都空，外物是实际存在的，只要对外物不起执着之心，就是“空”。“心无宗”的要点是空心不空色。主张“心无”说的还有竺法蕴、道恒等人。

支遁“即色宗”对“空”的理解是“六家七宗”之中最接近于般若学经典理论的。“色即为空，色复异空”是“即色宗”的基本观点。支遁认为，应当从色本身而不是在色之外来认识空，这就是所谓“即色为空”。“色”在此可以理解为世间万物，“即”的本义是就、接近、靠近、不离的意思，所谓“即色”也就是就色本身去认识空。佛教认为，一切事物都是因缘和合而成，每一事物的出现都是由其他事物引起的，同时每一事物又是其他事物产生和存在的因缘，因而每一事物并非自己能够决定自己的产生和存在，这样，每一事物就没有所谓独立的绝对的本性，也就是“无自性”，这种“无自性”也就是所谓“空”，般若学对空的认识理论也叫做“缘起性空”。支遁强调从万物自身而不是在万物之外来体认空，是由于万物自身的性质就是空，而不是在万物之外有一个“空”存在，因此，只有从万物自身才能体认到空。支遁的“即色”义已经很接近般若学正宗对空的理解了。但是，支遁在提出“色即为空”的同时，又强调“色复异空”，根据支遁现存的其他一些材料和僧肇对“即色宗”的批评，可以推知支遁“即色”思想中仍然具有区别表面的色与根本的色的因素，尚未完全达到般若学理论“色即是空，空即是色”那样对“空”的理解。

▲支遁爱马图

据文献记载，和尚支遁隐居，好养鹰而不放，好养马而又不乘，有人便讥笑他，支遁说：“僧爱其神骏。”

以于法兰为代表的“识含宗”认为“三界为长夜之宅，心识为大梦之主。今之所见群有，皆于梦中所见。其于大梦既觉，长夜获晓，即倒惑识灭，三界都空。是时无所从生，而靡所不生”。意思是说，世间万物都是人颠倒迷惑的心识所变现，如果认识到三界本空，倒见惑识也就消灭了。这种对“空”的理解与“心无宗”是相似的。

道壹的“幻化宗”认为“世谛之法，皆如幻化。是故经云：从本以来，未始有也”。以为世间万物本来就是幻化所生，事实上根本就不存在。这仍然与“心无宗”的实质是相同的，只不过“心无宗”空心不空色，“幻化宗”空色不空心。

于道邃的“缘会宗”认为“明缘会故有，名为世谛。缘散即无，称第一义谛”。意即世间万物都是因缘和合而成，并无实体，所以是空。这与支遁“即色宗”所谓“色即为空”意思比较相近。

由上可见，六家七宗是东晋时期佛教般若学的派别，是佛教学者用玄学观点理解和论释《般若经》对“空”的理解不同而形成的派别。就其基本观点来分，一般以本无宗、即色宗和心无宗三家最能概括当时流行的观点。

36.“解空第一”的僧肇

僧肇（384年，一说374~414年），京兆（今陕西西安）人，家贫，曾以佣书为业，是东晋后期重要的佛教哲学理论家，鸠摩罗什的弟子。鸠摩罗什曾说：“僧肇其人，解空第一。”

整个魏晋时期，般若学讨论的中心论题之一是“空”。“六家七宗”的分别，从根本上来说，就在于他们对“空”的不同理解。其中最具代表性的三家本无宗、心无宗和即色宗，分别从各自的观点出发，阐明了他们对空的认识。僧肇对他们提出了批评意见，认为三家都偏于心、色之一边，将主观与客观相分离，没有从心与色的结合即主客观结合的角度来体认般若空，与般若学的思想原则是有出入的。《不真空论》集中反映了僧肇对空的理解。

在《不真空论》中，僧肇对本无宗的批评是最多的。僧肇说：“本无者，情尚于无，多触言以宾无。故非有，有即无；非无，无亦无。寻夫立文之本旨者，直以非有非真有，非无非真无耳。何必非有无此有，非无无彼无？此直好无之谈，岂谓顺通事实，即物之情哉！”僧肇认为主张本无义的人，主观上偏向于无，言语上抬高无的地位。所以他们认为否定了有，有就成为了无；否定了无，无也是无。寻求佛教圣人立言的本旨，只不过是说否定有，有就不是真有；否定无，无就不是真无。何必认为否定有就没有了这个有，否定了无就没有了那个无。这种看法不过是偏好于无的言谈，并不符合般若学的本义。从总体而言，本无宗过于偏重于无，所以“非有”是无，“非无”也是无，一切皆无。僧肇认为这种思想是不正确的，不正确的原因在于割裂了有和无的相即关系，把有从无中分离出来了，使本体和事物对立开来，这在事实上不符合万物的实际情况（世界是有与无的统一），在方法上也与僧肇所认同的“契神于有无之间”去体认空的思想不相符合。在对这些有无相分离、心色相割裂的错误见解的批判中，僧肇建立起了自己的空观，即“不真空”。《不真空论》以“不真空”为题，论文的中心内容是论“空”，僧肇所理解的空的实质是“不真”故“空”，“不真”即“空”，“不真”与“空”是一而二、二而一的。僧肇认为万物最根本的性质就是“即万物之自虚”，即万物因缘和合而成，没有自己的独立本性。这是从佛教缘起说来论证万物的“不真”。他比喻说：“譬如幻化人，非无幻化人，幻化人非真人也。”所以，僧肇着重从万物本身的“不真”来体认“空”。“不真空”观的建立仅从万物方面（色）着手还不全面，还必须从主观方面（心）即般若观照的角度来体认。这样，从主客观两方面着手，僧肇建立起了自己的“不真空”观。

僧肇批评心无宗说：“心无者，无心于万物，万物未尝无。此得在于神静，失在于物虚。”指出其正确的地方是主张精神的空寂清静，错误是在外物虚无的问题上，没有真正否定外物的存在。心无宗将心与色分离，仅仅从心的角度谈空，与般若学从心色结合，主客一体的角度来体认空是不同的。

僧肇批评即色宗说：“即色者，明色不自色，故虽色而非色也。夫言色者，但当色即色，岂待色色而后为色哉？此直语色不自色，未领色之非色也。”即色义是六家七宗中最接近般若学教义的，他已经从色本身来认识空，问题是他所谓的“色本身”与般若学的也就是僧肇的“色本身”还有差距，即支遁的色是两部分——表面的色和根本的色，两者之间仍然是分离的，所以说表面的色没有自己的本性。僧肇的观点是色就是色，并非由某种更根本的决定之物的决定才成为色；其现象与本质是统一的，体与相是结合在一起的或根本就是同一的，色本身即是空；从主观认识而言，色本身是空，所以色又不是色，只有同时认识到色既是色 (表面的色) 又不是色 (色无自性)，才能达到对空的正确理解。方法上贯串着主客观统一，即体即用的思想。

僧肇通过对本无、心无、即色三家的批判，建立起“即体即用，体用一如”的本体论，完成了佛教般若学由对玄学的依附到融汇般若学与玄学以形成具有新的特点的思想的转变，具有相当的理论高度。

37. 隐居庐山的慧远

东晋高僧慧远（334~416 年），本姓贾，雁门楼烦（今山西宁武县附近）人。慧远是继道安之后中国佛教的领袖。慧远出生于官宦之家，13 岁游学许昌、洛阳，大量阅读儒家、道家经典，深受儒学和玄学的熏陶。21 岁在太行恒山与弟弟慧持一同拜道安为师，听道安讲解《般若经》以后，豁然而悟，认为“儒道九流，皆糠秕耳”。在道安门下，慧远精进敏捷，颇受器重。道安夸赞道：“使道流东国，其在远乎！”

道安在佛教思想方面属于般若学“六家七宗”之“本无宗”，慧远跟随道安，也主张“本无义”。他 24 岁便开始讲解《般若经》。由于当时听众对般若“实相”很难理解，慧远就援引流行的《庄子》作类比来解释般若实相，听众心有所悟。在随道安南下襄阳以后，慧远还与主张“心无义”的道恒有过辩论。377 年，前秦苻丕攻陷襄阳，道安后为苻丕带往长安，遂吩咐弟子往各地传教。临行前，道安对弟子一一加以诲勉，唯独对慧远不发一言，慧远乃跪拜曰：“‘独无训勖，惧非人例？’安曰：‘如公者岂复相忧。’”充分表明了道安对慧远的刮目相看。慧远与道安分别后，同慧持及弟子数十人南下，进荆州上明寺，后欲南下罗浮山，途经浔阳（今江西九江），来到龙泉寺，眺望庐山清净，足以息心，遂生住此修炼之心，由同学慧永迎入庐山西林寺，后住于东林寺。慧远在庐山讲经论道，培养僧徒，撰写文章，组织译经，广泛结交，使庐山成为当时南方佛教的中心，自己成为东晋佛教的领袖。

▲ 慧远

慧远学兼内外，重视以儒、道典籍来会通佛教义理，吸引文人学士接近和信仰佛教。当时名士殷浩、刘遗民、雷次宗、周续之、宗炳等皆服膺慧远的学问，执弟子礼，扩大了佛教的影响。

慧远与上层统治者的关系也十分密切。刺史桓伊为他建寺，司徒王谧、护军王默对他深表钦慕，甚至安帝也致书问候，远在北方的后秦主姚兴致书赠礼以示尊崇。尤其是东晋时期的权臣桓玄也为慧远的学识和声望所折服，在准备令沙门拜俗和沙汰沙门时，特别说明“唯庐山道德所居，不在搜简之例”。慧远还在庐山会见当时农民起义军首领卢循。

慧远是精明而富于政治头脑的高僧，鉴于佛教徒直接参与政治，引起世俗统治者攻难的教训，竭力在表面上保持佛教徒的“清净”与“出世”，住庐山 30 余年，迹不入俗，送客不过庐山虎溪，连安帝过庐山他也不前往迎候。这种超脱的态度，博得了统治者的尊重，达到了维护佛教相对独立性的目的，为佛教的发展赢得了广泛的空间。

东晋安帝元兴元年（402 年），慧远及其弟子刘遗民、周续之等 123 人，在无量寿佛像前立誓往生西方佛国极乐世界。慧远发愿往生净土，奉行念佛三昧，对于“净土”

▲虎溪三笑图。傅抱石作。虎溪在庐山东林寺前，相传晋时慧远法师居东林寺，并在此组织莲社，名士宗炳与诗人陶渊明均曾参与。慧远平日送客不过虎溪，然而在与宗、陶二人告别时，交谈甚契，不觉送出虎溪，守山虎大声吼叫，三人不觉相视而笑。这就是"虎溪三笑"的典故。

法门在南方的流行产生了重大的影响。后来净土宗推慧远为初祖。

慧远还组织译经和开展对佛教经典的研究与弘扬。慧远到庐山后，派遣弟子远寻众经，或延请僧人译经，或自己作序加以宣扬。庐山弟子法净、法领等人从西域取得《方等》新经200余部，得以传译，鸠摩罗什就曾经用过这些本子。慧远还继承师业，兼弘一切有部《毗昙》。晋孝武帝太元十六年（391年），毗昙学大师僧伽提婆南下庐山，慧远请他译出《阿毗昙心论》和《三法度论》，慧远为这两部译文写了序言。慧远还注重对小乘禅经的传译。慧远请精通小乘说一切有部禅学的印度僧人佛陀跋陀罗（觉贤）译出《达磨多罗禅经》，并为之作《庐山出修行方便禅统经序》。慧远对佛教戒律也很重视。弗若多罗曾在关中翻译《十诵律》，未译完就去世了，慧远派弟子昙邕致书恳求昙摩流支译完。慧远还研究了新译的《大智度论》，写成《大智度论抄》。他对新传来的大乘经典提出疑问，鸠摩罗什作了解答，后来集为《大乘大义章》，其中反映出慧远与鸠摩罗什对大乘空宗教义理解上的不同，折射出中印两种文化的差异。

慧远在佛教理论上的贡献也非常突出，表现在以下方面：一、宣扬“法性”本体论，即论述佛教所谓宇宙本体(最高精神实体）和成佛的关系；二、深化佛教的因果报应理论。慧远将中国原有的善恶报应思想与印度佛教的轮回说相结合，把因果报应的显现由现在一生，推及到过去、现在、未来三世，把因果报应的承受者由子孙后代转变为行为者自身，增强了因果报应说的说服力与威吓力，使因果报应说成为中国佛教最具影响力的学说；他又改造了“薪火之喻”中唯物主义思想家提倡的“形尽神灭”的观点，得出了“火之传于薪，犹神之传于形；火之传异薪，犹神之传异形”，即“形尽神不灭”的结论。三、调和儒佛关系，提出“佛儒合明论”。东晋时期佛教的发展，已经形成佛教与儒家名教的矛盾与冲突，出现了“沙门敬不敬王者之争”的局面。慧远指出佛儒虽有出发点和作用范围的不同，最后的目的和归宿却是一致的，即“内外之道可合而明”。这种思想不仅为佛教界所接受，而且也博得了统治者的认同。后来的佛儒关系基本以此为定位，即使在发生激烈冲突时，儒佛关系在理论上也没有超出慧远所规定的范围。慧远的这一理论加深了佛教的中国化过程。

慧远在庐山归慕者甚众，最著名的有道生、僧叡、慧观、慧严等人。这四人也曾到长安就教于鸠摩罗什。其中道生是涅槃学的大家，僧叡精于般若学研究，慧观提出“五时教判”。他们在中国佛教史上都有过重大影响。

道生，也称竺道生。河北平乡人。家世仕族，父为县令。397年公去庐山问学于慧远，从僧伽提婆学习小乘说一切有部教义。404年去长安从鸠摩罗什学习大乘中观理论。407年南返，后住建康青园寺，大弘涅槃学。道生著述甚

▲苏州虎丘点头石

丰，惜大多佚失，现存仅《妙法莲华经疏》、《达王卫军书》以及在僧肇《注维摩诘经》和《大般涅槃经集解》中保留的若干片断。道生倡导“一阐提人(断了善根的人)皆得成佛”和“顿悟成佛说”以及“善不受报说”。道生在读法显所译六卷本的《大般涅槃经》时，认为该经义有问题，于是孤明先发提出了一阐提人皆得成佛的主张，即认为断了善根的人也能成佛。当时被佛教界斥为不合经义的异端邪说，受到开除僧籍的处分。道生还是坚持自己的观点。据传，道生在苏州虎丘对石头说法，顽石为之点头。不久，昙无谶所译四十卷本《大般涅槃经》传至京师，经中果然称一阐提人也有佛性，也能成佛。道生遂成为僧俗两界的崇拜对象。道生还进一步主张“顿悟成佛说”，由于道生的倡导，产生了顿悟与渐悟之争的热烈场面。道生的顿悟说还影响了后来的禅宗和华严宗，尤其对澄观的思想的形成起了很大的作用。“善不受报”的意思是只有远离望报之心才有善，也是道生独创性的思想。魏晋以来佛教的主流思潮是般若学，随后为日益兴盛的涅槃学所取代。涅槃学主要阐发佛性学说，“涅槃佛性”是南朝佛教理论的中心问题。道生是这一重大转折时期的关键人物。道生对涅槃学独有所悟，被后世誉为“涅槃圣”。

僧叡，河北冀县人，18岁拜僧贤为师，听泰山僧朗讲

《放光般若经》，24 岁拜鸠摩罗什为师，为新译的诸大乘经论作序，并为《中论》和《十二门论》各品写出提要。现保存在《出三藏记集》中的《大品经序》、《小品经序》和《毗摩罗诘提经义疏序》等论文是研究魏晋时期佛教般若学发展的重要史料。

慧观通《十诵律》，著有《辨宗论》、《论顿悟渐悟义》、《十喻序赞》和《修行地不净观经序》。慧观的佛学成就主要是重新订正《涅槃经》，创立了顿、渐（三乘别教、三乘通教、抑扬教、同归教、常住教）二教五时教判，南方的教判就是以慧观的教判为基础的。

38.《涅槃经》和《华严经》

《涅槃经》和《华严经》都是大乘佛教的重要经典。《涅槃经》亦称《大本涅槃经》或《大涅槃经》，《华严经》全称《大方广佛华严经》，另称《杂华经》。

汉译《涅槃经》由北凉昙无谶（385~433年）译，共40卷。相传在昙无谶译出此经之前，东汉支娄迦谶译有《梵般泥洹经》两卷，三国魏安法贤译有《大般涅槃经》两卷，吴支谦译有《大般泥洹经》两卷，但均已佚。异译本有东晋法显与佛陀跋陀罗译的《大般泥洹经》（为《大般涅槃经》初分异译）6卷，相当于昙无谶译本的前10卷。南朝宋慧严、慧观与谢灵运等以昙无谶译本为主，并依法显等译《大般泥洹经》增加品目，从原本寿命品分出经叙、纯陀、哀叹、长寿等4品，由如来性品分出四相、四依、邪正、四谛、四倒、如来性、文字、鸟喻、月喻、菩萨等10品，改为25品36卷，亦名《大般涅槃经》。世称此为“南本涅槃”，而以原昙无谶所译为“北本涅槃”。藏译《大般涅槃经》全译本是根据汉译大本的重译。

《涅槃经》全经分寿命、金刚身、名字功德、如来性、一切大众所问、现病、圣行、梵行、婴儿行、光明遍照高贵德王菩萨、师子吼菩萨、迦叶菩萨、憍陈如等13品，主要阐述佛身常住不灭，涅槃常乐我净，一切从生悉有佛性，一阐提和声闻、辟支佛均得成佛等大乘佛教思想。其理论与部派佛教中的大众部义理颇有契合之处，与《般若经》、《妙法莲华经》的重要思想也有一致的地方。此经还常常引用《华严经》的某些义理，两者思想相通。经中还引用佛陀所说“我般涅槃七百岁后，是魔波旬渐当沮坏我之正法”，这反映了笈多王朝复兴婆罗门教、排斥佛教的历史背景。

《涅槃经》传入中国后，影响很大。自法显译出六卷《泥洹经》后，道生经剖析此经宗旨后，提出“一阐提人皆得成佛”的论说，引起守旧之徒的激烈反对。昙无谶译的《大本涅槃经》传播开后，经中所讲“一阐提”可以成佛，证明了道生说法的正确，被称为“孤明先发”。后道生在庐山大讲《涅槃经》，主张顿悟，听者甚众，成为中国最初的涅槃师。其同学慧观则依《涅槃经》而主张渐悟。从此，道生、慧观并为涅槃学派中两大系。

《华严经》的编集，经历了很长的时间，大约在公元2世纪到4世纪中叶之间，最早流传于南印度，以后传播到西北印度和中印度。《华严经》汉译本先后有三种：一是东晋佛陀跋陀罗的译本，共60卷34品，称《旧译华严》或《六十华严》；二是武周时实叉难陀的译本，共80卷39品，称《新译华严》或《八十华严》；三是唐贞元中般若译，全名《大方广佛华严经入不思议解脱境界普贤行愿品》，共40卷，称《四十华严》。各译本中，以唐译《八十华严》品目完备，文义畅达，最为流行。藏文大藏经丹珠尔中也有《华严经》，共45品，原本来自于阗，译者胜友、智军，校者遍照。

《华严经》主要发挥辗转一心、深入法界、无尽缘起的理论与普贤行愿的实践相一致的大乘瑜伽思想。汉译实叉

▲ 峨眉山万年寺内普贤菩萨像

《大日经疏》中提到：普贤菩萨，普是遍一切处义，贤是最妙善义，是说普贤菩萨依菩提心所起愿行，及身、口、意悉皆平等，遍一切处，纯一妙善，具备众德，所以名为普贤。普贤代表一切诸佛的理德与定德，与文殊的智德、证德相对，两者并为释迦牟尼佛的两大胁侍。文殊驾狮，普贤乘象，表示理智相即，行证相应。

难陀的 80 卷本，主要讲菩萨的十信、十住、十行、十回向、十地等法门行相和修行的感果差别，以及依此修行实践证得广大无量功德等，最后宣说诸菩萨依教证入清净法界、颂扬佛的功德海相等。中心内容是从“法性本净”的观点出发，进一步阐明法界诸法等同一味，一即一切、一切即一，无尽缘起等理论。在修行实践上从“三界唯心”的观点出发，进一步阐明法界诸法等同一味，一即一切、一切即一，无尽缘起等理论。在修行实践上依据“三界唯心”的教义，强调解脱的关键是在阿赖耶识上用功，指出依十地而辗转增胜的普贤愿行，最终能入佛地境界即清净法界。《华严经》所提出的十方成佛和及修行十地论对大乘佛教理论的发展有很大影响。

《华严经》在隋唐时弘传极盛，最终出现了专弘《华严经》教观的华严宗。

39. “菩萨皇帝”梁武帝

在中国历史上，佛教的传播和推广是与历代封建帝王的推崇和支持分不开的。在中国封建帝王中梁武帝是最推崇佛教的。

梁武帝萧衍（464~549年），字叔达，早年广泛结交名士，是当时著名的“八友”之一，他知识广博，六艺兼备，颇得士人赞赏。对儒、道都深有研究。梁武帝曾经信奉道教。对向他写信和用道教图谶以示梁朝代齐是上应天象的道士陶弘景甚为器重。但梁武帝即位不久，便改奉佛教。

在梁天监三年（504年）四月初八日浴沸节，梁武帝40岁之时，他召集两万余僧俗，集中于皇宫重云殿重阁，当众宣布御笔亲书的《舍道事佛文》，文中写道：

梁国皇帝兰陵萧衍，稽首和南十方诸佛、十方尊法、十方圣僧……弟子经迟迷荒，耽事老子，历叶相承，染此邪法。习因善发，弃迷知返，今舍旧医，归凭正觉。愿使未来世中，童男出家，广弘经教，化度含识，同共成佛。

梁武帝于同年四月还下诏宣布“舍道事佛”，要求王公贵族、公卿百官等“返伪就真，舍邪入真”。在他不遗余力

▲ 梁武帝

的倡导之下，南朝佛教很快进入全盛时期，寺院、僧尼数量迅速增加。仅建康一处，就有寺院500余所，僧尼10万余人。他亲自建的就有大爱敬寺、智度寺、光宅寺、解脱寺、开善寺、同泰寺等。唐朝诗人杜牧听说的“南朝四百八十寺，多少楼台烟雨中”，详细描绘了南朝佛教的盛况。梁武帝也因扶持佛教而被称为“菩萨皇帝”。

为了表示自己对佛教的崇信，他还于天监十八年（519年）“发宏誓心，受菩萨戒”（《续高僧传》卷六《慧约传》），平时“俭约自节，罗绮不缘，寝处虚闲，昼夜无怠。致有布被、草席、草履、葛巾……日唯一食，永绝辛膳”（见《续高僧传》卷六《慧约传》）。为了严格戒律，使佛教区别外道，使众僧尼“远离地狱”，梁武帝还连续写了4篇《断酒肉文》，规定出家人不得饮酒吃肉，违者将以王法问罪。

《断酒肉文》曰：

弟子萧衍，于十方一切诸佛前，于十方一切尊法前，于十方一切圣僧前，与诸僧尼共申约誓：今日僧众，还寺以后，各各检勤，使依佛教；若复有饮酒吃肉不如法者，弟子当依王法治问；诸僧尼若披如来衣，不行如来事，是假名僧，与盗贼不异？

在他的倡导下，众僧形成了吃素的习惯，从此，吃素这一习惯逐渐演变成了汉族佛教的一个传统。

在弘扬佛教义学方面，梁武帝不仅重视译经，曾亲临译场担任笔受，并给予义学高僧以优厚的生活待遇，鼓励他们讲习经论，从事佛教著述，而且还常常亲自登台为僧俗讲经说法，并著书立说，发挥佛理，曾“制《涅槃》、《大品》、《净名》、《三慧》诸经义纪，复数百卷”。他的“三教同源说”和“禅明成佛论”在中国佛教思想史上都有一定的影响。

▲梁武帝萧衍问达摩：“我修建这么多佛寺，抄写这么多佛经，度了这么多僧众，有多少功德？”达摩答：“都无功德。”达摩的全名是：菩提达摩，乃南天竺人（古印度），传说他是香至王的第二子，出家后从班若多罗大师学佛法，继承衣钵，成为佛教第十八代祖师。达摩之所以这样回答，是因武帝造寺度僧、布施设斋，实为求福，而功德在法身中，不在修福。

为了推动佛教的传播发展，梁武帝还经常大办法会，动员数万人参加，并在中国佛教史上首创“忏法”，大大扩大了佛教在社会民众中的影响。梁武帝还继齐萧子良之后又一次组织了更大规模的对范缜神灭论的围剿，他不仅发动了曹思文等王公朝贵 64 人撰文 75 篇围攻范缜，而且还亲自出马，撰文写道：“神灭之论，朕所未详。”“违经背亲，言语可息。”

梁武帝在崇佛的道路上永不停步，最后发展到离开皇帝的宝座而“舍身”给同泰寺院。据《南史》记载，他先后 4 次舍身同泰寺。第一次是 527 年，他舍身同泰寺，在寺 4 天。第二次是 529 年，后由群臣出钱 1 亿“赎”回。第三次在 546 年，他去同泰寺舍身，并宣称他连宫人及全国都“舍”了，结果由群臣出钱 2 亿“赎”回。最后一次是 547 年，这一次“出家”37 天，又由群臣出钱 1 亿“赎”回。

在梁武帝的提倡下，整个社会都沉浸在佛教的氛围之中。梁代有寺院 2846 所，僧尼 82700 余人，外国译经僧共有 8 人，译出的经卷共 46 部 201 卷。僧俗二众的佛教著述更是不胜枚举。

40. 真谛的译经成果

真谛（499~569 年），音译“波罗末陀”，意译为真谛。亦名“拘罗那陀”或“拘那罗陀”，意译“亲依”或“家依”。佛教史上一般称之为真谛。在中国佛教史上，真谛与鸠摩罗什、玄奘、不空并称为四大译师。

真谛原本是西天竺优禅尼国人。少时十分聪明，曾遍访名师，学通内外，尤精大乘之学。后历游诸国，到扶南国（今柬埔寨）时，适梁武帝派直后（官名）张汜等送扶南国的使者返国，并访请高僧大德及大乘诸经论，因而被推荐来中国。他带着经论梵本 240 夹，经水路到达南海郡（今广州），当时他已经 50 岁了。两年后到达建业（今南京）。梁武帝深加敬礼，使住宝云殿。本欲翻译经论，因侯景叛乱，无法进行。于是离开建业，到达富春（今浙江省富阳县）。富春县令陆元哲迎住私宅，为之招集沙门宝琼等 20 余人，布置译场，请他翻译。他先译出《十七地论》，得 5 卷而止。后又译《中论》、《如实论》、《涅槃经本有今无偈论》、《三界分别论》等各 1 卷，不久因世乱中止。522 年应侯景之请返回建业，住于台城。后来梁元帝即位于江陵，建业局势渐趋平静。真谛即迁住正观寺，与愿禅师等 20 余人，翻译《金光明经》。此后又因战乱频繁，他辗转于

▲真谛——摄论宗初祖

豫章（今江西南昌市）、新吴（今江西奉新县）、始兴（今广东曲江县）、南康（今江西赣县西南）等地。陈武帝永定二年（558年），他再到豫章，在临川（今江西临川县境）、晋安（今福建晋江县）等地译经或重新核定所译经论。在这一时期，他虽颠沛流离，生活极不安定，但仍随方翻译，未尝中止。陈天嘉三年（562年）九月，译事告一段落，他泛海西行，拟还本国。因遇大风，仍飘回广州。广州刺史欧阳頠请他为菩萨戒师，迎住制旨寺。其时他的门下原住建业的慧恺、僧宗、僧忍等都来到广州，继续就学于他。陈天嘉四年（563年），他应慧恺、欧阳頠等之请，为译《大乘唯识论》（即《二十唯识》）1卷、《摄大乘论》论本3卷、世亲《释》12卷，同时撰《摄大乘论义疏》8卷，前后二年方毕。陈天嘉五年（564年）又欲回印度，为广州刺史欧阳頠父子所挽留，并应慧恺、僧忍之请，译出《俱舍论》20卷等。于陈太建元年（569年）病逝。

真谛译经的态度极其严肃认真，特别注重准确表达经典的原义，因此其所译佛经，大都保存了本来面目。他采取随出随书的方法，一章一句都要认真推敲，反复核实，把意义吃透了，才动笔成文。为了保持文义的准确无误，有时不得不牺牲文辞的通畅优美，所以他的译文，具有文质相半的特点，有的地方甚至难免晦涩。

真谛在华20多年，其间因社会动荡，居无定所，但他凭坚强的毅力从事佛典翻译，讲经著述，取得了时人难以取得的成绩。据《开元录》勘定，真谛所译经论 38 部，118 卷，讲述注疏记 13 部，108 卷。

真谛有代表性的译籍是《摄大乘论》及其《释论》，《俱舍论》、《大乘唯识论》、《十八空论》、《佛性论》、《三无性论》等也很重要。

41. 南朝各家师说

南北朝时期部分佛教学者重视讲诵佛典从而形成专攻某一经论之风。这些学者被称为“师”，他们据以发挥的思想叫做“师学”或“师说”。其中影响较大的有：

成实师

研究和弘扬《成实论》的佛教学者称为成实师。《成实论》由何梨跋摩、鸠摩罗什译于长安。“实”指“四谛”，即苦、集、灭、道等4种真理。“成实”即成立四谛的道理。中心内容主要是讲“我空”，即人无自性；兼讲“法空”，即客观世界无自性。长安是《成实论》学的发源地，《成实论》最有影响的弘扬者，都出自鸠摩罗什的门下。其中僧导居寿春，僧嵩住彭城，形成成实学的两大系统。彭城系的僧嵩及其弟子僧渊是公开反对《涅槃》佛性说的著名人物，在北银很有声望。僧渊有弟子4人，其中昙度、慧纪、道登，并为魏主元宏所重。元宏特别提倡《成实论》，对鸠摩罗什、僧嵩等推崇备至。

南朝成实学的开拓者，是寿春系的僧导。僧导并学“三论”、《维摩》，于刘宋王朝有功，门徒众多，动辄上千。其中昙济亦修《涅槃》，以《七宗论》名闻后世。就学于寿春的还有道猛和道钟。449 年，道猛东游京都，结交湘东王刘彧。刘彧即位曰明帝，倍加礼敬，敕猛为兴皇寺纲领，该寺遂成为南朝成实学的重要据点。萧齐王朝也重《成实》，其中僧钟、慧次、僧柔等成实论师均受到王室的特别崇敬。萧子良召集京师硕学名僧 500 余人，讲说《成实》，最后集成《抄成实论》9 卷问世。周颙、僧祐都是此次聚会的参与者，据他们说，《成实》之所以被当时看重，不像北朝那样去励行它的教义，而是因为它的条理清楚，更便于理解大乘妙典，排斥外学。

因此，南朝到齐为止，成实论师多同习《涅槃》、《华严》、“三论”等，没有相互倾轧的倾向。

梁代成实学略有波折。先是从僧柔、慧次就学《成实》的僧旻、法云、智藏成为梁王朝最显贵的僧侣，是谓梁代《成实》三大师。506 年，僧旻（467~527 年）受请为帝室家僧，制注《般若》，敕讲《胜鬘》，侧重弘扬《观世音经》，为京师学士和地方守宰所尊，号称“素王”。他对语言诗韵似甚有研究，著有《四声指归》、《诗谱决疑》等。法云（467~529 年）于萧齐时以讲《法华》、《净名》等著称于世，号“作幻法师”。至梁，为朝贵演说《般若》，亦为皇室家僧，525 年，敕为大僧正，是梁武帝发动围攻《神灭论》的具体组织者。智藏（458~522 年），曾为梁武帝授菩萨戒，为皇太子讲《涅槃》，给帝室讲《波若》。他第一个把诵读《金刚般若经》当作解厄延寿、去凶化吉的佛教法门，使此经成为道俗上下普及率最高、影响最广的佛典。综观上述三师特点，也是调和，尤其是与儒家孝道调和。简文帝曾以《成实论》为各种佛说的最终旨归，但反响很小。三大师死后，梁武帝重奉《大品》，对《成实论》表示轻蔑。到吉藏独树“三论”旗帜，创立三论宗，也着重批判成实论师说，判《成实论》为小乘后，成实师趋于衰微，到唐初时消失。

三论师

研究和弘扬“三论”的佛教学者称为三论师。“三论”指鸠摩罗什所译《中论》、《百论》和《十二门论》。这些本是大乘中观学派的基本著作，在南北朝的流行，则是魏晋以来般若学的变态和延续。陈隋之际的吉藏，更以三论命宗。最早研习“三论”的，是僧叡、僧肇、昙影等；《肇论》被推为三论学的中国经典。他们的思想，称为“关中旧义”。此后，“三论”流行的重心转向南朝。

梁初僧朗是三论学兴起之始。僧朗于摄山栖霞精舍弘扬“三论”，被称为“摄山大师”。其弟子僧诠，号称“山中师”，摄山遂成为梁陈二代三论学的重镇。梁昭明太子萧统作《解二谛义令旨并问答》，可为梁代的代表作。僧诠有勇、辩、朗、布四弟子，号称“四友”或“四公”，均为陈王朝所重，三论学遂成了陈王朝的官方佛学。

三论师是南北朝时期南方特有的学派，至隋朝的吉藏而形成了三论宗。

涅槃师

研习和弘扬《涅槃经》的佛教学者称为涅槃师。418年，6卷《大般泥洹经》在建康译出，引起大江南北佛学界的震动；421年，40卷本《大涅槃经》在敦煌译出；宋元嘉中（424~443年），建康又依上述二本整理为南本《大涅槃经》问世，研习《涅槃》及其所陈“佛性”思想，成了宋梁二代最时髦的佛学思潮。

道生是南朝最早的涅槃师。涅槃师的中心议题是“一阐提”有无佛性。6卷《泥洹》曾言，除一阐提外，一切众生皆可成佛，道生加以纠正，认为一阐提人亦得成佛。道生著有《法身无色论》、《佛无净土论》、《佛性当有论》、《善不受报义》等，从论题可以推知，他把成佛的根据移植到个人内心的自我，完善、贬低偶像崇拜和净土信仰。他对中国佛教影响最长久的主张是“顿悟成佛义”：真理是一个整体，不可分割，因此，要么不悟，一悟顿了，不容阶梯，谢灵运追随道生，著《辨宗论》，用儒家的“理归一极”来加以补充。道生之说，受到宋文孝武诸帝的赞赏，曾请其弟子道猷和法瑗、宝林等持续弘扬。慧观与谢灵运都是南本《涅槃》的整理者，但慧观却力主渐悟。他认为“真如”必须经“定慧”修习才能测知，而“定慧”需有阶级相乘。像这样提倡渐悟、反对顿悟的也有一批名僧，如慧琳、法勗等。

著名的涅槃学者宋有慧静，齐梁时有僧慧、宝亮及梁代的三大法师，陈代有名僧宝琼。其中宝亮是齐梁间重要的涅槃学者，梁武帝命他所撰《涅槃义疏》是解释《涅槃经》的权威著作。涅槃师兴盛至唐以后，由于天台宗、三论宗等诸宗势力的兴起才逐步衰落。

毗昙师和俱论师

研习和弘传小乘说一切有部《阿毗昙》的佛教学者称为毗昙师。《毗昙》的研究发端于道安，僧伽提婆受慧远之请，重译《阿毗昙心》和《三法度论》，397年进入建康，得到名士王珣、王弥等的支持。433年，僧伽跋摩与宝云按慧观要求重译《杂阿毗昙心》。于是，《毗昙》几乎成了南朝所有论师共习的科目。其中僧韶（447~504年）专以《毗昙》弘扬为业，法护（439~507年）以《毗昙》命家，慧集（456~515年）于毗昙学研究独到，其他僧侣多是兼学。道安也为北方毗昙学打下了基础，昙摩耶舍等又译出《舍利弗阿毗昙》，姚秦时备受重视。此后，北方的《成实》论师大都兼习《毗昙》，其中慧嵩活跃在元魏高齐之际，足迹遍及江表、河南，时人称为“毗昙孔子”，弟子甚多。

毗昙弘扬的是诸法“自性”不变，一切个别事物则是自性种类在特定因缘条件下的再现，有变化，有生灭，此即谓之“无常空”或“因缘空”。众生按照自身所聚业惑的不同，感得的世间和出世间等罪福果报这一基本思想，得到慧远等内地佛学家的发展，在三世因果、业报轮回的基础上，正式确认了身死神不灭为佛家的信条。

梁末成实学渐盛，真谛译出《俱舍释论》之后，有的学者开始钻研《俱舍》，南方的毗昙学从此衰落下去。到唐玄奘重新译出《俱舍论》后，就掀起了研究《俱舍论》的高潮，旧译毗昙学转趋衰落。

摄论师

研究和弘扬真谛所译《摄大乘论》的佛教学者称为摄论师。《摄大乘论》由印度无著著。汉文有3个译本：陈真谛译《摄大乘论》3卷，北魏佛陀扇多译《摄大乘论》2卷，唐玄奘译《摄大乘论本》3卷，其中真谛和玄奘译本影响较大。该书是对古印度《大乘阿毗达磨经》（未传入中国）的“摄大乘品”的解释论述，对比小乘来阐述大乘教义，着重宣传瑜伽行派的观点。注释书有印度世亲著的《摄大乘论释》，有3种汉文译本：南朝陈真谛译本15卷、隋达摩笈多和唐玄奘译本各10卷。还有印度无性著的《摄大乘论释》，唐玄奘译，10卷。

《摄论》是瑜伽派唯识学的奠基性著作，着重探究“心”的性质和“心”生万有的机制，以及人的认识过程和据此修持成佛的道路，创造了一个庞大的唯心主义体系。特别是它的八识说，提出了阿赖耶作为世界的本体和认识的本原，确立了“唯识无尘”的宇宙观，在南朝引起震动。

其基本内容为：(1)“九识”。在六识外，第七识是阿陀那识，第八识是阿赖耶识，第九识是阿摩罗识（或译“阿末罗识”、“庵摩罗识”，意译“无垢识”、“清净识”，即真如）。此真如随缘（条件）形成万物。(2)在讲三自性时，强调“依他起性”的染污方面，认为最后也应断灭。(3)一切众生皆有佛性，都能成佛；“定性二乘”（独觉、声闻二乘）也必由佛道达到解脱。

真谛的门下有智恺、法泰、曹毗等。隋初昙迁受诏从彭城到长安讲《摄大乘论》，听者甚众，著有《摄论疏》等。但陈王朝及其官僧支持的是《般若》和“三论”学，对真谛一系公开排斥，所以直至陈亡，真谛之说在建业甚少流布。

十诵律师

研究和弘传《十诵律》的佛教学者称为十诵律师。戒律是约束佛徒行为和规范僧团生活的纪律。只有按一定仪式发誓接受一定戒律的人，才能充当僧侣或居士，也才是完全意义上的佛徒。《十诵律》是小乘说一切有部的根本戒律，由卑摩罗叉补充校改后，在江陵辛寺开讲，十诵之学自此大兴。

十诵律师也是南朝特有的学派，弘传此学的有僧业、智称、僧祐等。齐梁时僧祐是南朝律学大家，尤重《十诵》，齐竟陵王每请讲律，听众常七八百人；梁武帝倍加礼遇，曾为六宫受戒。北魏慧光是北朝律学之宗，造《四分律疏》，删《羯磨戒本》，著《仁王七诫》、《僧制》等，在僧侣中广为奉行，被后人视作律宗的奠基者。智称对《十诵律》的弘传也使十诵律师在齐梁时盛极一时。

42. 北魏、北周灭佛

在中国佛教史上，曾经发生了 4 次较大的灭佛事件。这就是北魏太武帝灭佛，北周武帝灭佛，唐武宗灭佛，后周世宗灭佛。前两次即发生在南北朝时期。

北魏灭佛

424 年，北魏太武帝拓跋焘继位。拓跋焘继位之后，遵先世之业，敬重沙门，常于佛诞日亲临御门，观散花诸法礼。这表明他起初对佛教并无恶意，或者说他初期是归依三宝的。

随着佛教势力的不断扩大，大量僧尼享有免除赋税徭役的特权，而且他们又不直接从事生产劳动，北魏政权的税收和劳役受到严重影响。大量在编人口流入寺院，使北魏掌握的户籍和人口大为减少，势必消弱北魏政权的经济势力。此外，大量修建寺院佛塔，耗费了巨大的人力和财力，同样也使北魏的经济蒙受损失。这便引起了佛教与世俗政治的矛盾。

佛道之间的矛盾也激起了太武帝的排佛情绪，促使他断下决心灭佛。北魏时，北方道教也发展起来。道士寇谦之通过北魏司徒崔浩接近了太武帝，向太武帝宣传道教。

使太武帝逐渐信奉道教。440年，太武帝改国号为“太平真君”，表示他接受了道教信仰。而道教在北魏太武帝的信奉下得到了长足的发展，其势力亦逐渐强盛。寇谦之等人又不断对太武帝进行煽动，这就促使太武帝开始排斥佛教。太平真君五年（444年）正月，太武帝下诏说：愚民无识而信惑妖邪，私养师巫挟藏讖记、阴阳、图纬、方技之书，还有佛教沙门，假西戎虚诞生致妖孽；所以，自王公以下至于庶人，不得私养沙门师巫等人于家，限期不出者，死罪不赦。

太平真君七年（446年），北魏太武帝率兵驻长安，亲自指挥镇压盖吴起义。一个偶然的机会，他发现长安一寺院内藏有兵器，并又在该寺中发现了大量的酿酒器具及富人寄存的许多财物，该寺窟中还藏有许多美貌妇女。他想兵器非沙门所有，长安沙门必定与盖吴起义有牵连，而酿酒器具和藏匿妇女，又与佛教律仪相驳，佛教必除无疑。后在崔浩的建议下，太武帝即下令诛杀沙门，焚毁佛像；与此同时，又敕令留守平城的太子拓跋晃下令四方照长安行事，天下共行灭佛绝法之举。太子拓跋晃素敬佛教，接到太武帝敕令后，再三上表为佛教求情，太武帝不允，并又下诏说：佛教乃域外之教，不近人情；由于佛教的盛行，使政教不行，礼仪大坏，招致了历代丧乱；因此，各镇诸军、刺史，定要将佛图形象及胡经，尽皆击破焚烧，佛教沙门无论少长，全部坑杀，绝不留情。

但是，留守平城监国的太子拓跋晃，缓宣诏书，使远近大部分沙门闻讯逃匿，并把金银佛像及佛教经论秘藏起来。最后，只有一些土木寺塔遭到破坏。凡捕搜之沙门，皆令罢道；若有逃窜者，一经捕获，都遭枭首或坑杀。

北魏太武帝此次灭法，是佛教与世俗政治矛盾激化的必然结果，是佛教与道教相互激烈冲突的必然结果。

北周灭佛

北魏太武帝的灭佛活动，使北方佛教受到了沉重打击，但文成帝又竭力恢复佛法。北朝佛教又很快兴盛起来。北魏末年，整个北方佛寺遍布，仅洛阳城中就有佛寺 1000 多所，而且寺寺都极为豪华奢丽；北齐立国仅 20 多年，其境内佛寺计有 4000 余所，僧尼有 200 万人；北周境内亦有佛寺近千所。佛教在北朝得到了空前的发展。

北周武帝宇文邕，即位于 560 年。周武帝即位之初，对佛教还颇感兴趣，后经道士张宾和僧人卫元嵩的唆使和煽动，对佛态度有所改变。随后，北周武帝多次召集臣僚、沙门、道士讨论儒、释、道三教优劣，谁属先后的问题。

经过前两次的商讨，基本上确立为，儒教和道教为此国常遵；佛教后来，理应不立。

后由司隶大夫甄鸾上奏《笑道论》对道教进行诽谤，周武帝率群僚百官及沙门、道士予以辩论，最后帝裁定该《论》有伤道士之情，故令当众烧焚，不许流传。

道安随后又抛出《二教论》对道教再予批驳，并使佛道矛盾空前激化，使厘定三教先后这一主题开始走向极端发展。

建德二年（573 年），北周武帝宇文邕决定最后裁定三教先后。他召集群臣、沙门、道士等，进行了辩论，最后裁定儒教为先，道教为次，佛教为后。对于这一裁定，有些佛教僧侣不服，要求继续辩论，尤其是要求继续辩论佛道二教优劣。次年（574 年），周武帝则诏令僧人、道士集京师，于太沙门极殿设论场，使佛、道二教辩论。智炫在辩论中击败道士张宾，周武帝则为了袒护道教，发表了自己对佛教的看法。他称佛教有“三不净”，于辅国无用。所谓“三不净”，一为主不净，指释迦牟尼出家前娶妻生子，为佛教教主不净；二为教不净，指佛教律仪中，允许出家

▲ 被废的少林寺。少林寺曾一次被废，二次被焚。被废发生在北周武帝时，当时国内信佛人数占居民的一半，生产受到影响，损害了皇室利益。于是建德三年(574 年)周武帝下令禁佛、道二教。少林寺被废弃，僧众纷纷遣散回乡。7 世纪初，少林和尚们因在李世民征战中助战有功，受到唐王大力支持，又重建少林寺。至宋时，寺已聚僧 2000 多人，楼台殿阁 5000 余间，占地 36 公顷，藏经近万卷，号称“天下第一名刹”。清雍正年间(1723~1735 年)皇帝怕武僧造反，放火围攻寺院，将少林寺置于火海中。乾隆以后又加以重修。1928 年，军阀石友三纵火又将名刹付之一炬，这次大火损失严重，火势延续 5 个昼夜，7 进院落只剩下二三间，无数经典、法器等贵重文物化为焦土。解放后又多次整修，逐渐恢复往昔模样。

僧人吃 3 种净肉，这表明佛教教义不净；三为众不净，指佛教僧众好行妖逸、诸多罪过、徒众不和、递相攻伐，为佛教僧众不净。道教中无此事，朕将留之，以助国化。

建德六年（577 年），北周灭北齐，周武帝亲临齐之邺都，召集齐境僧众，宣布废除佛法，并将齐境内数百年来公私营造的一切佛塔皆悉拆毁，四万座寺庙尽赐王公大臣，充为第宅，300 万僧众，皆罢为俗，使还归编户。

北周武帝宇文邕发动的这次法难，与北魏太武帝灭佛不同。首先，此次是佛、道二教并废，不仅仅针对佛教。其次，周武帝此次灭法，虽然毁坏了大量的佛教寺塔，焚烧了许多佛经，但并未诛杀沙门、道士，只是强令他们还俗为民，并不像北魏太武帝那样大量坑杀沙门。再次，周武帝灭法虽然佛、道二教并废，但他又设通道观，置养一些沙门、道士，使他们研习三玄，旨在会通儒、释、道三教，当然，其中的正统是儒家。宇文邕出身鲜卑少数民族，他以统一天下为己任，不把自己看作胡人，同时他感到儒家的传统思想早已融化到华夏民族的血脉中，儒家的思想是维持自己统治的最好的工具，必须奉为官方正统。

周武帝感觉到佛教崇建寺塔而倾竭珍财，而废佛则有益于富国强兵。他曾说过：佛教敬事无征，招感无效，自救无聊，何能益国？废佛以来，民役稍有，租调年增，兵师日盛，故东平齐国而国安民乐。这怕是周武帝灭佛的主要原因。

43. 北朝的译经活动和各家师说

北魏初期译经僧人和译籍相对较少。据《开元录》载，北魏自从迁都平城后，佛教便陆续兴隆，信仰盛于南方，但着力在兴办佛教福事，除昙靖伪造《提谓波利经》和昙曜造《付法藏因缘传》外，在译介佛典上几乎无可记述。孝文帝（471~499年）加强了对佛教义学的研讨，宣武帝（500~515年）更“笃好佛理”，孝明帝（516~522年）遣惠生等往西域求经，魏境才真正有了译经的需要。有魏一代155年，共出译者12人，译经83部，274卷。这个数字很小，且基本上集中在宣武帝至迁邺后的35年（508~543年）中，这就是以菩提流支为“元匠”的译经集团。

北魏及整个北朝以菩提流支为译经之首。菩提流支，北印度人，魏永平初年（508年）至洛阳，开始译经，通过昙无最而为魏帝所重，后随迁至邺城（534年），不知所终。他共译出佛籍30部，101卷，笔受者有僧朗、道湛、僧辩、昙林、觉意、崔光等。他重译4卷《楞伽经》为10卷《入楞伽经》，解释“如来藏缘起”，同以后所传的《大乘起信论》的思想接近，是个值得注意的现象。

菩提流支所译经论系统地介绍了大乘瑜伽行一系的学说，其所译的《入楞伽经》是修习达摩禅法的一些禅师修行的理论依据。其所译《十地经论》在当时形成了专攻此论的地论师。其中，菩提流支门下的道宠与勒那摩提门下的慧光由于观点不同，形成了地论师北道系与南道系的分别。其所译《金刚经论》介绍了弥勒世亲对于《金刚经》的解释，将经文里隐含的疑难和解答作了详细的剖析，给研究经文以很大的启发。菩提流支还对学僧开讲世亲门人金刚仙的解说，变成《金刚仙论》10 卷，流传至今。菩提流支还授予净土宗的祖师昙鸾以《观无量寿佛经》，引导其信仰净土；又译出《无量寿经》（通称《往生论》），介绍世亲的 5 种念佛法门，昙鸾为之作注，极大地发挥了净土宗的教义。

比菩提流支稍后的佛陀扇多也是北印度人，自 525 年到 539 年，他译出佛籍 10 部，11 卷，昙林等笔受。此外，

▲ 金刚经局部图片

勒那摩提，中印度人，508 年来洛阳，译经 3 部 9 卷，笔受者有僧朗、觉意、崔光等。瞿昙般若流支，中印度人，516 年来洛阳，随迁邺城后，自 538 年到 543 年，译经 18 部，92 卷，笔受者昙林、僧昉、李希义等。毗目智仙，北印度人，从 538 年到 541 年，于邮城译出佛籍 5 部 5 卷，亦由昙林笔受。

北朝的译经者还有北齐的那连提黎耶舍，译有《大集藏经》等经论共 7 部。万天懿，译出《尊胜菩萨所问一切诸法入无量门陀罗尼经》。北周时有攘那跋陀罗、阇那那舍、耶舍崛多、阇那崛多和达摩流支共 5 人，译有《大乘同性经》等经论共 14 部 29 卷。

北朝佛教学派影响最大的是地论师，它和四论师、四分律师、楞伽师都是北朝独有的学派；同时由南朝传入的一些学派如毗昙师、成实师、摄论师以及涅槃师也很流行；另外，重实修的禅法和净土教在北朝尤盛。

地论师

研究和弘扬《十地经论》佛教学者称为地论师。《十地经论》为世亲所著，对《华严经·十地品》作了解释，对菩萨修行的 10 个阶位（地）和教义进行了新的发挥，它以万法唯心说区别于长期流传的般若性空论。此论由勒那摩提和菩提流支译出后，因两人所习不尽相同，对《地论》的解释产生异解，形成了南北两道，即相州（今河南安阳市北）南派和相州北派。

北道以菩提流支的弟子道宠为代表。道宠从菩提流支学《地论》，并自开讲，其“堪可传道”的弟子千有余人，知名者有牢宜僧休等，隋初名僧志念亦曾从其就学。这一地论师系统被称为北道系。他们的著疏不存，情况难明。

相比之下，慧光创始的南道名僧辈出，门徒遍及全国，历经魏齐周而至隋唐。慧光是勒那摩提的弟子，曾向少林寺佛陀学律，故善《四分律》；后参与《地论》翻译，深得《地论》纲领。在北魏末年即见重于当朝，任国都；随入邺都，以“绥缉有功”，转为东魏国统；至于北齐，“重之如圣”。南道地论师是北朝后期最有权势的佛教力量。法上是慧光诸弟子中最突出的代表，当时已经译出的主要大乘经，他无不讲习，并有注疏。法上有弟子法存、灵裕等，以慧远的成绩最大。慧远创讲《地论》，伏听千余。周武帝酝酿毁佛时，慧远曾出众抗争，后畏祸潜入山中。隋初，出任洛州沙门都，后敕居西京净影寺，故称“净影慧远”。他的注疏很多，所撰《大乘义章》，是重要的佛学史料；另有《大乘起信论义疏》，是最早用《起信》观点解释瑜伽唯识思想的著作。

地论师南北二道对“心性”的解释有许多差别。北道师把世界的最高本体归结为具杂染性质的“阿赖耶识”，所谓众生悉有“佛性”，是指众生经历后天的熏习，最后必当成佛而言，是谓“当常”之说；南道把世界的最高本体归结为“清净阿赖耶识”，或“如来藏”、“无垢识”，去除污染障蔽，使本有的清净心性得以显现，即可成佛，被称作“现常”之说。这南北现、当二说在判教上有四宗、五宗之别，在理论上其实就是规定心性是净是染，在实践上是发扬本有心性还是消灭本有心性的问题。但南北二师的界限不一定如此清楚。作为慧光十大弟子之一的冯衮著《捧心论》，认为“当为心师，不师于心”，显然就是主张心性杂染的。

涅槃师

涅槃佛性是南北朝时期佛教的中心议题之一。南朝有顿悟成佛和渐悟成佛两大系。在北方，道朗与慧嵩在佛教义学上独步河西，直接参与了《大涅槃经》的翻译。道朗有《涅槃义疏》，强调涅槃与“法性”为一，“法性以至极为体，至极则归于无变”，因而法性也是“常乐我净”。据此，他抨击当时讥谤《涅槃》非佛说的言论，为佛性思想的传播开路。道朗成为北方最早的涅槃师。北魏昙准听说南齐僧宗善《涅槃》，前往听讲，深知涅槃学南北不同，于是另行研究，其说盛行于北方。道登、昙无最、僧妙等也研习《涅槃》。僧妙的弟子钽延有《涅槃经义疏》，净影寺慧远有《涅槃义疏》。

成实师

长安是《成实论》学的发源地，《成实论》最有影响的弘扬者，都出自鸠摩罗什的门下。其中僧导居寿春，僧嵩住彭城，形成成实学的两大系统。彭城系的僧嵩及其弟子僧渊。是公开反对《涅槃》佛性说的著名人物，在北朝很有声望。僧渊之后，此系思想发生分化，道登善《涅槃》、《法华》，彻底改变了排斥佛性说的立场；僧渊的另一弟子慧球，临终“遗命露骸松下”，似仍坚持《成实》的原来主张。此外，有灵珣、道纪、慧嵩等人是魏末北齐时知名的成实论师。灵珣以后转到了地论师慧光的门下。道纪撰《金藏论》，调和佛教信仰与儒家孝道。慧嵩被高昌王夷其三族，不以为意。这表明，北朝成实论师大都坚持厌生离世、严峻冷酷的学风。

四论师

研究和弘扬《大智度论》、《中论》、《百论》、《十二门论》的佛教学者称为四论师。这一派将《大智度论》和“三论”相提并论。著名学者有北齐的道场（长）和昙鸾等人。道场和昙鸾后来又归净土宗。

四分律师

研究和弘扬《四分律》的佛教学者称为四分律师。《四分律》于411年到442年间在竺佛念的协助下由佛陀耶舍在长安译出，它是上座部系统的法藏部所传的戒律。中国本来盛行《十诵律》，但因为《四分律》内容完整，又容易理解，所以从北魏孝文帝时逐步兴起对《四分律》的研究，当时南朝盛行《十诵律》。孝文帝时法聪、道复等是弘扬《四分律》的先驱。地论师南道派的慧光使四分律师得以大盛，他作《四分律疏》，有弟子多人；又是北齐的僧统，被称为光统律师。

楞伽师及北朝禅法

楞伽师是以《楞伽经》为印证的禅师。“楞伽”是山名，“阿跋多罗”的意思是“入”，意为佛入此山所说的宝经。经文宣扬世界唯“自心所现”，在修持上以“忘言忘念，无得正观”为宗，即重视慧念，而不在语言。《楞伽经》全名《楞伽阿跋多罗宝经》。现有3种汉译本，即刘宋求那跋陀罗译的4卷本、北魏菩提流支译的10卷本以及唐朝实叉难陀译的7卷本，通行的是4卷本。楞伽师在北朝独盛，与北朝佛教重视禅观是一致的。

相传菩提达摩以4卷《楞伽》授慧可，慧可后有弟子僧那、僧璨等多人，后来直接发展为禅宗北宗。

纵观北朝佛教要义，小乘是以《毗昙》、《成实》最为兴盛，大乘以《涅槃》、《华严》、《地论》影响较大，各家师说中以地论师对后来佛学发展的影响最大。另外，北朝佛教侧重于实践，尤重禅观，形成与南朝佛教重义理、尚玄谈的不同的风格。

44. 佛教的石窟艺术

佛教石窟源于印度。印度佛教石窟见于马哈拉施特拉邦北部文达雅山的悬崖上。这些佛教石窟是印度古代佛教徒作为佛殿、僧房开凿的，共有洞窟 30 座，其中 5 座（第 9、10、19、26、29 窟）是带塔的礼拜窟，其余均为僧徒居住窟。大约在公元前一二世纪开始建造，至六七世纪完成，前后达 700 年。其中有石雕佛像、藻井图案和壁画等，而以壁画最为著名，主要是佛生故事和印度古代宫廷生活的景象。

中国石窟约始于 3 世纪，盛于 5—8 世纪，衰于 16 世纪。多依山崖凿窟，也有利用天然洞穴者。窟内外开龛雕塑佛像，并常铺以壁画。

根据佛教的需要开凿在山崖间的石窟，既可设置佛教雕塑和壁画，佛教徒也可在里面从事佛教活动，也可作为理想的寺庙使用。

洞窟的主体是佛的塑像，位置显著。一般情况下，两侧都陪衬有弟子、菩萨等塑像，可供佛教徒顶礼膜拜之用。

壁画是石窟艺术的重要组成部分，有两种主要作用，一是用形象的图画向佛教徒宣传、阐述佛教义理；二是以强烈的装饰效果来感染信徒。使人们走进洞窟有如走进佛国，“人佛交接，两得相见”（见鸠摩罗什译《妙法莲华

▲ 陕西省彬县大佛寺大佛洞左胁侍菩萨

经·五百弟子授记品》)。

中国石窟雕塑主要分布于新疆、甘肃、陕西、河南、山西、河北、山东、辽宁、宁夏、四川、云南等地，根据窟形和雕塑的差异可分为新疆地区、中原北方地区和南方地区三大区。内容题材依佛典要求，早期多单身佛像，北魏时增加二胁侍菩萨，其后数量不断增加，至隋、唐形成整铺一佛、二弟子、二菩萨、二供养菩萨、二护法天王及二力士之群雕，四壁浮雕佛传、本生、天龙八部及供养人像等。早期雕塑受犍陀罗艺术影响，如凿于三四世纪的克孜尔石窟、莫高窟、炳灵寺、麦积山等16国雕塑受西域影响，形成以凉洲为中心的地域风格。云冈石窟是北魏的代表作，早期雕塑近凉州风格，孝文帝改制后，佛像面腆含笑，褒衣博带，形象渐趋清秀。北朝晚期至隋造像趋于写实，至唐形成浓丽丰肥的时代风格，以龙门、天龙山的石刻和莫高窟的彩塑为代表，佛像常以现实人物为依据。盛唐以后，中原地区石窟寺院渐渐衰落，宋代四川地区石窟造像技巧娴熟，场面宏伟，杂糅了不少现实生活的题材，生动活泼。

▲ 甘肃天水麦积山外景

麦积山石窟位于甘肃省东部的天水市，因该山形似麦堆而得名。麦积山石窟可能在后秦时已开始建造，魏孝文帝以后，渐趋发达。现存魏、西魏、周石窟大约30个，麦积山石质不宜于雕刻，佛像一般都是泥塑。经过一千多年，塑像并未溃败，这种和泥法也有其特殊的地方。自隋至明清，历朝都有塑像，大塑像高达15米，小塑像高仅20多公分。

45. 隋代帝王与佛教

隋代开国帝王隋文帝（581~604 年）统一南北对立的局面后，立即改变北周武帝灭佛的政策，转而采取大力恢复和扶持佛教的方针。这和他出生在冯翊（今陕西大荔县）般若尼寺受智仙尼的抚养，以及即位时昙延力请兴复佛教不无关系。据《辨正论》载，在度僧方面，他于开皇十年（590 年）听许以前私度的僧尼和人民自愿出家，一时受度的多达 50 余万人；在建寺方面，据传他所建立的寺院有 3792 所；在建塔方面，前后立塔 100 余座。此外，文帝在建国初年，仿北齐的制度，设置僧官以管理僧尼的事务。文帝对于佛教义学的提倡，即以长安为中心建立了传教系统，选聘当时各派的著名学者从事学众的教导。此外，早在北朝时期即已发生的流民问题在隋初更加严重，几乎占当时总人口的一半。隋文帝声势浩大地招揽逃匿的僧侣出山，并通过度僧使非法的流亡者取得合法地位。

隋文帝的礼佛活动是以长安为中心，而他的儿子隋炀帝杨广（605~616 年）即位后，却是以洛阳为中心，向更广阔的地域推广佛教。

杨广当晋王时，年龄不大，却很热衷于请名僧讲法，聆听梵音。他曾请智顗为其授菩萨戒，尊称智顗为智者，

▲唐代阎立本所画《历代帝王图》之杨坚。

为智顗创建了天台宗提供了有利条件。他即位后还自称为菩萨戒弟子。并在大业元年（605年）为文帝造西禅定寺，又在高阳造隆圣寺，在并州造弘善寺，在扬州造慧日道场，在长安造清禅、日严、香台等寺，又舍九宫为九寺，并在泰陵、庄陵二处造寺。又曾在洛阳设无遮大会，度男女120人为僧尼。并曾令天下州郡行道千日，总度千僧。传称他所度僧尼共16200人。又铸刻新像3850躯，修治旧像101000躯，装补的故经及缮写的新经共612藏。炀帝还在洛阳的上林园内创设翻经馆，继续开展译经事业。

可能是隋炀帝杨广在民间的名声不太好，尽管他在洛阳推广佛教那么卖力，可是竟没有关于他这方面的传说。史书上记载有关他礼佛的事，也只是列了一大堆数字，写得非常枯燥。

从总体上看，隋代统治者对佛教是十分重视的，使以往南北各有侧重的佛教信仰得以相互补充、融合，并且使寺院经济发展壮大起来。各寺院拉拢一些名师长期定居，研究教理，教授学徒，形成别具风格的僧侣集团，并与统治阶级联系密切。

一般说来，在隋代创立的较为著名的宗派有天台宗、三论宗、三阶宗。但另一方面，文帝在开皇九年（589年）灭陈时曾令诸多寺院毁于战火中，使南北朝时一度兴盛的建康佛教顿告衰微。后来，炀帝于大业三年（607年）下令沙门致敬王者；还下令无德的僧尼还俗，寺院按照僧尼的数量保留，其余一概拆毁，一时造成因僧废寺的现象。可见，隋代对于佛教的政策也是有限制的一面的。

46. 智顗的天台宗

天台宗因创于天台山，故称天台宗，又因为以法华经为主要经典，所以又称法华宗。它是我国建立最早的一个佛教宗派，渊源于北齐、南陈，创立于隋，盛于唐。天台宗的系谱首推至印度龙树，二祖慧文，三祖慧思，四祖智顗，以后是灌顶，智威，慧威，玄朗，湛然，九祖相承。

天台宗的创始人是智顗(538~597年)，俗姓陈，祖籍河南许昌，生于荆州华容（今湖北潜江西南）的一官宦之家。他于18岁出家，23岁时赴光州大苏山拜慧思为师，专门钻研法华。后于陈太建七年（575年）入天台山建草庵，正式创立了中国佛教天台宗一派，虽被排为天台四祖，实为此宗的真正创始人。

智顗一生致力于创宗立派活动。通过广建寺院，收授门徒，力争得到朝廷的支持，建起了以天台山、荆州为基地的传教中心，遂使天台宗成为当时最有势力的宗派。陈光大元年（567年），慧思南下隐居时令智顗往金陵弘法，从此开始了智顗与陈隋长达30年之久的合作。陈宣帝太建七年（575年），智顗赴天台山修行，有十年之久。陈至德三年（585年）奉后主之命重返金陵，受到了上至朝廷下及百姓的隆重欢迎。

智顗还有一个跟关羽有关的传说。陈亡后，智顗一路

▲智顗

游化来到荆州，来到当阳，登玉泉山，看到那里山林秀美，景色宜人，便想在此山建立一座精舍，作为传法布道的中心。玉泉山山顶有潭池水，名叫金龙池。池水自出口流溢而出，缘山而下，形成一股清莹跳荡的溪流。智顗本来想把寺院建在溪水之旁、绿树之中，但又嫌其地势狭窄，寺院的规模会受其限制，便登上玉泉山顶勘查地势。他发现，在池北岸不足百步之处，有一棵大树，树身高达丈许，枝干犹如虬龙，向四面的天空倾斜而出，疏密有序，俨然是一个天然的房顶。树冠之下，日影盖地，恰似一处讲经说法的殿堂。智顗一见，便想在这天造地设的僧房之中做一番禅定工夫。他于是来到树下，盘腿而坐，静心修炼起来。风和日丽的好天气转眼便已狂风呼啸，暴雨倾盆，天地一时为之晦暗难明。智顗身在定中，冥冥之中，似乎看到一条巨蟒，身长10余丈，张着大嘴向自己发射箭矢。智顗了无惧色，一坐便是7天7夜，那怪蟒的形象也一直在他周围往来。到了第7天夜里，智顗对那怪蟒的影子说：“你一生杀戮甚众，造业不浅，却贪着福禄，不思忏悔，何时才能跳出苦海啊！”言毕，风雨立止，云开雾散，月朗星稀，忽见面前走出两人，一老一少。老者面如重枣，五绺长髯，身宽体胖，有王者的威仪。少者冠帽整齐，面目清秀。这一老一少正是关羽、关平父子二人。关羽对智顗说：“东汉之末，天下纷乱，九州分裂。曹操不仁，僭帝号自立；

孙权不义，坐江东自保。我义属汉臣，保佐刘备，期以恢复汉室基业。无奈天命无常，事与愿违，复汉大志终未能实现。我死之后，余志未泯，故受封于此山为王，权做一地之神。大师您是一代圣僧，不知何缘，移足敝地。”智顗回答：“我欲在此地建立道场，讲经传教，也不辜负此生一世。”关羽又说：“既如此，希望大师把建寺的事交给我父子二人。离此不远，山势平整，土层深厚，堪可建寺。大师只管安心坐禅，七日之后，寺院必成。”又过了7天，智顗从定中醒来，只见千丈深池化作平地，上面已建起一座佛寺，庄严雄伟，光彩照人，不禁惊叹神鬼之工的快速。他领着弟子进入寺内，昼夜说法。忽一夜，关羽之神又来对智顗说：“弟子今已从老师您这儿听到了出世间法，心甚喜悦，愿洗衣受戒，永为佛教护法。”智顗大师同意，便为关羽传授五戒。关羽就成了佛教的护法迦蓝神了。

虽然是传说，但可见智顗作为一代宗师的影响和威力。智顗一生学理丰富，文思渊博，是真正的大师。他以《法华经》为释迦牟尼最后的说法，也就是最高权威的经典，敬奉为宗要。还以《大智度论》为指针，吸收和发扬了天台宗的先驱者慧文和慧思的思想。智顗的思想主要体现在陈隋之际他所开讲的、后来由其弟子整理成书的《法华经玄义》、《法华经文句》和《摩诃止观》，即所谓的“天台三大部”中。此外，所谓“天台五小部”，即

▲ 天台宗祖庭天台山国清寺，位于浙江天台县。

《观音玄义》、《观音义疏》、《金光明经玄义》、《金光明经文句》和《观无量寿经疏》，也体现了他的思想。由于天台宗的创立主要是在隋代这样一个南北大融合的时代，也就使之并收南北佛理成为可能。一方面，吸收了南朝重义理的学风；另一方面，也保存了北朝佛教重禅定的宗教实践。其基本教义主要包括止观双修、三谛圆融、一念三千说等。

天台宗所谓“止”指的是宗教训练的坐禅，所谓“观”即佛教的理论。其学说特点是确立定（止）、慧（观）双修原则，并强调教观双运，解行并重。智顗比喻说止观双修就像是车之双轮，鸟之双翼，不可偏废。

“三谛圆融”是由“一心三观”发展而来的。空、假、中三谛是同一事物的三个方面的描述，这三谛相即相通，圆融无碍，此即“三谛圆融”。

“一念三千”说，是智顗晚期提出的最具有其代表性的思想。主要是说短暂的心念活动具有世间和出世间的一切现象。

智顗之后，主要由其弟子灌顶及中唐时湛然广弘该宗思想，后遭逢晚唐武宗会昌灭法就逐渐衰微了。宋代天台复兴，但其时思想多趋于与禅宗、净土宗合流，日益失去了本身的特色。

47. 吉藏的三论宗

三论宗也是建立于陈、隋之时，较天台宗的创建同时而稍后。因以印度中观学派的《中论》、《百论》、《十二门论》为主要经典而得名。又因主张“诸法性空”，也称“法性宗”。因天台宗、华严宗也自称“法性宗”，故又称此宗为“空宗”。三论宗实际上是印度中观系统的流派，龙树、提婆学说的直接继承者。

自从鸠摩罗什法师于404年译出《百论》，409年译出《中论》、《十二门论》，并将此三论传译中原之后，弘扬甚广。后又有僧肇、僧朗、僧诠、法朗依次相传，此后发扬相承的学说而建立宗派的是吉藏。

吉藏（549~623年），俗姓安，他的祖先原是安息人，因避世仇，移居南海（今广西、越南一带），后又移居金陵（今南京），吉藏便出生在金陵。吉藏祖辈世奉佛门，其父后来也出家，法名道谅。幼年时代，其父带领他去拜见真谛三藏，真谛为他取名“吉藏”。道谅又常带吉藏到兴皇寺，听法朗法师说经，有所领悟。至吉藏7岁（一说13岁）时，道谅便让他投法朗出家，学习经论。14岁时从法朗学《百论》，至19岁便能为众复述。吉藏口才极佳，又善于交际，所以很快便脱颖而出。吉藏受戒后，学解更进，声望

▲ 吉藏(549~623 年)

日高。当时陈桂阳王非常崇拜其学识,钦佩其风采。陈亡隋兴,吉藏移居会稽嘉祥寺。因为他住在嘉祥寺大弘佛法,故时人称其为“嘉祥大师”。

隋代杨广为晋王时,在扬州修建四座寺院,邀请吉藏住慧日道场。开皇十九年(599 年),杨广在长安建道场,请吉藏住日严寺。吉藏到达长安时,皇室以“京辇”迎接,长安城的佛教徒亦表示热烈的欢迎。隋炀帝杨广的次子,齐王杨昧久慕吉藏盛名,特于大业五年(609 年)请他至家,又邀请长安有名的道俗学者 60 多人与吉藏一起开辩论会,最终是吉藏取胜。通过这次辩论会,吉藏的声誉就更大了。吉藏在长安讲经,参加听讲的人极多。隋朝灭亡之后,唐武德初年,李渊进长安,召请僧界 10 位知名人士管理佛教事务,吉藏是其中之一。武德六年(623 年)病故。世寿七十有五。在长安时期,他著书立说,完成了创教工作。他的著作有《中论疏》、《十二门论疏》、《百论疏》、《三论玄义》、《大乘玄义》、《二谛论》等。三论疏的问世,标志着他所创立的三论宗思想体系正式形成。

吉藏创立的三论宗,在隋代可谓盛极一时,但自唐以后,日渐衰微。而他本人,则是受到陈、隋、庸三代王室敬重的人物。他的学说后来传到了朝鲜和日本,在一定的历史时期内,亦曾兴盛一时。现在仍有人研究三论,但皆不以三论宗人自居。

三论宗佛学的基本思想，是“依般若、三论为根本，以真俗二谛为纲要，说缘起性空为原理，显无住无得为正宗”。作为印度中观学派在中土的继承和发展，从摄山诸师至嘉祥吉藏一脉相承的三论宗人禀承“无得无观”的般若中观学精髓，认为一切佛说都是在显示无所得之理，于无所得之外，别无佛法。所谓“无所得观者，观一切法自性不可得，故名无所得。无所得是空义，空也不可得，才是实相真空”。实际上，这种观点属于不可知论，三论宗就是从这里出发，来讨论当时佛教的主要问题的。

首先是“二谛”论。佛教所谓的“二谛”，即世俗谛和真谛。“世俗谛”指世间凡夫对宇宙万有的认识，说宇宙万有是真实的，是人们认识的对象。“真谛”是指佛教徒对客观对象的看法，认为宇宙万有是空的、假的。三论宗继承了佛教的二谛论，在他们看来，宇宙万有是空的，无自性的（不是物质的），而世间凡夫则颠倒地认为它们是有的，是实谛。他们宣称，应当去掉世俗谛的观点，要人们坚持真谛论。

其次是三论宗关于“中道”的思想。不管是讲“八不”，还是讲“二谛”，都要归结到“中道”。“中道”就是以中命名的，《三论》的中心思想，就是“中道主义”。中道是实相，那实相又是什么？实相就是非有非无的虚空。实际认为中道就是佛性，这种佛性是“一而不二的”。

最后是“一切皆空”与“八不思想”。这也是三论宗的中心思想。《三论》称：“不生亦不灭，不断亦不常，不一亦不异，不来亦不出。”这是认为世界上的一切宇宙万有，无非都是一些“因缘”产生的假相，对于这些因缘假相进行观察的结果是，发现它们都是没有自性的，因而都是空的。既然一切都是空的，自然说不上还有什么生、灭、常、断、一、异、来、出的了。既然没有生，自然也无灭，没有生、灭，何论其他。所以，所谓中论的“八不”即以不开始，以空结束。这是《三论》的原意。

总的来说，三论宗在吉藏生前弘扬甚广，保留了印度佛教大乘中观学说的传统精神；对中国佛教的发展，特别是禅宗、华严宗、唯识宗等宗派的成立和演变都起了深远的影响。

48. 信行的三阶教

三阶教，又名三阶宗、第三阶宗、三阶佛法，因其主张佛教分为三阶，故名；又因其主张信奉一切佛法，也称“普法宗”。它是产生于南北朝末期，于隋代兴起的一个佛教宗派。

三阶教的创始者是隋代僧人信行（540~594年）。信行，俗姓王，魏郡（今河南安阳）人。生于梁武帝大同六年，17岁时，信行在相州（安阳）藏寺出家，后受大戒。出家后，在相州法藏寺、光严寺刻苦修学。他博览佛教经典，对佛法具有自己的独特看法。与先前的高僧大德解行不同，他不坐禅，不讲诵，也不念佛求净土，这与当时的禅、教、净都不一样。他又以普度众生为理想，反对独善其身。而要普度众生，修菩萨行，他感到比丘的生活方式对此有所限制，于是他在开皇三年（583年）又放弃了比丘戒，但并未还俗，而是处在沙弥之上、受具足戒僧人之下的位置。他开始周游并表达其敬世礼俗的独特主张，实践《法华经》中的“常不轻菩萨”行。常不轻菩萨坚信人人都能成佛，不可轻视，所以逢人即拜，普敬一切众生。遇人便说：“我不敢轻视汝等，汝等皆当作佛。”信行对常不轻菩萨的言行深以为是，决心效仿。他十天吃一顿，食物来源由自

▲《信行禅师碑》薛稷的代表作，此书疏朗挺劲，骨气洞达，有褚遂良《伊阙神龛碑》之遗意。此碑立于唐神龙二年(706年)八月。原石久已亡佚，现仅存清代何绍基剪裱孤本传世，册后残缺。据传已流入日本。碑文内容记载了隋代名僧信行禅师兴佛教的事迹。

己乞讨。在路上行走，不论遇到谁，不分男女，信行都加以礼拜，曰“普敬”。这样，他的名声不断扩大，远近都有高僧来诘问他，你究竟是行的什么法？信行直言相告，是三阶之法。

信行白天苦行普拜，晚上习《法华》等大乘经、大小乘戒。他发愿为众生亲服劳役，倡导16种“无尽藏”行，在下层贫困群众中产生了广泛的影响，为其弘扬三阶教建立群众基础。隋开皇初（约581年），被召入京，建立三阶道场，宣扬三阶教。由于得到统治者的支持，在短短的10年间，京师长安出现了5所三阶寺院，即化度(真寂）寺、光明寺、慈门寺、慧日寺、弘善寺。其他寺院亦赞承其度，习其仪礼，学其乞食。信行著有《对根起行杂寻集》、《三阶位别录集》等。信行晚年病得很重，他请人把佛像移至房内，躺在床上，一直观佛至终。死后，棺柩放在树林中，舍身血肉，被鸟吃尽尸体，真可谓生施死亦施。最终，其遗体葬于终南山，并建塔立碑。后来的三阶教徒如本济、僧邕等死后都附葬在信行墓塔的周围，以至于寺塔林立，有百塔之称。

信行以其所著《三阶佛法》为主要经典，把全部佛教按“时”、“处”（所依世界)、“机”（根机，指人）分为三个历史阶段。每个阶段又分为三阶：第一阶是正法时期，“处”是净土佛国，只有佛、菩萨修持大乘一乘佛法；

第二阶是像法时期，“处”是秽土，人是凡圣混杂，流行大小乘（三乘）佛法；第三阶是释迦牟尼死后1000年的末法时期，“处”也是秽土，人是“邪解邪行”。信行认为当时已进入末法时期，众生不应满足于只念一佛、诵一经，而应普归一切佛，即“普佛”，普信一切佛法，即“普法”。宣传归依普佛、普法，为末法众生得救的唯一法门。

三阶教在行持方面，倡导以苦行忍辱为宗旨。乞食一日一餐，反对偶像崇拜。不主张念阿弥陀佛，认为一切众生都是真佛，所以“普敬”。死后实行“林葬”，即将尸体置于森林，供鸟食用，称之为以食布施。还经营“无尽藏”(储蓄信施之款)，劝信徒施舍钱粮由寺院库藏，然后布施或借贷给贫苦信徒，也供修缮寺塔之用。这样也就建立了本派独立的经济基础。

据传，信行的门下有300余人，跟随信行20多年，是三阶教的主要力量。其中，有史料记载的只有本济、僧邕、慧了、慧如、裴玄证等人。但自从信行死后，三阶教多次遭到重大打击。三阶教“普敬”的提倡和“无尽藏”的经营，从精神和物质两个方面力图摆脱北魏以来所认为的末法的危机。然而，其拥有强大的经济实力，并以此影响下层群众的做法使得统治阶级相当不安。开皇二十年（600年），隋文帝对三阶教下了“禁断不听传行”的禁令。到了唐代的时候，更是加以禁止，断绝了三阶教的经济来源，彻底摧毁了三阶教的物质基础。同时，三阶教也受到了佛教界内部的激烈批判。后来的唯识宗、净土宗对其多有批判。会昌法难后三阶教逐渐衰微，终至绝响。

49. 唐代帝王与佛教

618年，唐王朝建立，从唐高祖李渊直到其灭亡为止共有20个皇帝，历时290年（618~907年）。为了维护他们的封建统治，唐王朝的统治者采取了儒、释、道三教并奖的政策。除了发动“会昌灭佛”的武宗外，其余诸帝均对佛教采取了既管理、整顿又扶持、利用的政策。从高祖的沙汰二教到太宗的“先道后佛”，从武则天的“举佛抑道”到玄宗的崇信密教，虽然唐王朝对佛教的态度在不同的形势下，根据其政治、经济、军事等的需要，而有或抑或扬的变化，但从整体上说，出于巩固其封建统治的政治目的，将佛教作为正统儒学之外的重要辅助手段加以利用，是唐王朝对佛教的总体策略。

唐高祖李渊信奉佛教，曾立寺造像，设斋行道。武德二年（626年）五月，因太史令傅弈一再上疏斥佛，请求罢除佛教，高祖遂颁发《沙汰僧道诏》，沙汰僧尼及道士。“京城留寺三所、观二所，其余天下诸州，各留一所，余悉罢之。”据称，高祖这样做的本意不是消灭佛法，而是通过沙汰，以到达正源护法的目的。同年六月，高祖退位，这项措施没有得到实施。

随之即位的是唐太宗。众所周知，唐王朝尊道教的始祖老子为其祖先，自称“朕之本系，其自柱下”，所以，开国起即尊奉道教。唐太宗初期对佛教并不热心，把道士纳入宗正寺管辖，算是皇室中的一分子，并诏令：“道士女冠在僧尼之前。”后为了维护其政权的政治需要，开始扶持佛教。贞观十九年（645年）春，玄奘法师载誉回国，朝野轰动。此后，玄奘成为太宗的相知，为太宗所敬重，佛典翻译为太宗所支持。太宗晚年亲制《圣教序》，从玄奘听瑜伽大意，论金刚般若。由于太宗晚年转向佛教信仰，使得唐初的先道后佛政策有所改变。

唐太宗之后，高宗、中宗、睿宗均崇信佛教。唐高宗敬佛，甚至连皇子也披上佛的光环。显庆元年（656年），皇子李显（即后来的唐中宗）出生，唐高宗赐号佛光五。麟德亢年（664年），玄奘圆寂，唐高宗为他安排了极其隆重的葬礼，用金棺银椁藏其骨灰，在长安周围500里内，有100多万人前来送葬。一位高僧能享有如此崇高的荣誉，可见当时朝野上下对佛教的狂热尊奉到了何等程度。

女皇武则天时期唐代佛教发展到了一个新的高度。她早年走出皇宫步入寺院做了尼姑，接着又从佛门返回宫廷，在夺位称帝和强化统治的过程中，她更是巧妙地利用佛教。首先她用佛教为其登上皇帝宝座大造舆论，在其统治期间，又广泛支持佛教。武周时期，80卷《华严经》于洛阳翻译完成（699年），武则天亲为制序。在她的扶植下，

▲ 武则天像

▲ 南禅寺

位于山西五台县城西南22公里李家庄西侧。寺坐北向南,有山门,龙王殿,菩萨殿和大佛殿等主要建筑,围成一个四合院形式。创建年代不详,大殿平梁下保存有墨书题记,足证重建于唐建中三年(782年)。晚唐时武宗“会昌灭法”,佛寺大都毁,南禅寺地处偏辟,幸免毁坏,是我国现存最古老的唐代木结构建筑。

以法藏为集大成者的华严宗创立了，并发展为中国佛教史上的一大宗派。武则天对禅宗的禅师也礼敬有加，长安年间（701~704年），敕诏神秀禅师入京传法，并加跪礼。多次邀请慧能入京，慧能托病不出，最后只能将慧能的得法袈裟请到长安，于内道场供养。又召慧安禅师入京问道，待以师礼。由于武则天的大力支持，提高了禅宗的地位和影响，为禅宗后来在全国的广泛传播奠定了基础。总之，在武周时期，通过对佛典的翻译、铸造佛像佛塔，佛教势力大大增强。

唐玄宗是继太宗、武则天之后较有作为的皇帝。玄宗对佛教一方面注意制约，另一方面又加以利用。他曾从不空受灌顶法，成为菩萨戒弟子，还著有《御注金刚般若经》颁行天下。开元年间，印僧善无畏、金刚智、不空相继来华，受到玄宗的礼遇和尊崇，创立了中国佛教史上影响很大的佛教宗派——密宗。

到唐代后期，由于寺院经济与世俗地主及国家在经济上的矛盾日益尖锐，终于在唐武宗时发动了大规模的灭佛运动。会昌二年（842年），唐武宗命令僧尼中犯罪和违戒者还俗，并没收其财产，又拆毁不满200僧尼的寺院。会昌五年时灭佛运动进入高潮，拆毁大中寺院4600多所，小庙宇40000余处，还俗僧尼260500百人，没收肥沃良田数千万顷，解放奴婢150000人。武宗灭佛，沉重打击和削弱了佛教的势力，许多佛教宗派失去了继续繁荣和发展的条件，不可避免地衰落了。

但是，不可否认的是，佛教在唐代兴盛的基础上有了长足发展，不仅高僧辈出，而且翻译佛经的数量和质量是前代不能比拟的，尤以玄奘、义净、不空等高僧所译的佛典成绩最为显著，唐代基本上把大乘佛教的主要经典译备。同时，在唐代佛教发展的过程中形成了一些具有中国佛教特质的宗派唯识宗、华严宗、禅宗、净土宗、律宗等。佛教发展达到了中国佛教史上的最高峰。

50. 寺院经济的发展

按照佛教的传统教义，佛教僧侣又称为“乞士”，应以乞食为主。寺院建立以后，主要靠施主的布施维持。寺院作为其主要活动场所，其经济来源对佛教的组织形式和发展有着决定性的影响。应该说，佛教寺院的经济状况，在很大程度上取决于统治者对佛教的态度和采取的经济政策。

隋唐以来，由于统治者对佛教的提倡和支持，以及佛教自身的发展，寺院经济也得到了空前的发展。其表现是：一些大寺院占有大量的土地和劳动力。在寺院占有的土地中，有的是官赐的，有的是私置的。即庄园式的大寺院经济和自耕经济这两种类型的寺院经济均得到了长足的发展。

唐代庄园式的大寺院经济是官赐的土地经济。据有关史书记载：唐高祖于625年（武德八年）2月15日，赐少林寺地40顷。唐高宗于656年下诏在长安置西明寺，赐田园百顷，车五辆，绢、布二千匹。唐代宗于762年至763年年间赐给全国诸寺、观田千余顷。唐宪宗时，山西玄中寺拥有官赐庄田遍及150多里。从以上略举的几个例子中，可见唐代官赐给寺庙的土地是相当多的。

在隋唐，寺院经济达到了前所未有的程度。原因主要是得到国家经济政策的支持而迅速发展。唐初所实行的均田制规定：“凡道士给田三十亩，女冠二十亩，僧尼亦如之。”这样，寺院经济成为国家正式承认的一种经济形式，但此阶段的寺院经济主要依靠统治阶级的支持，对政权的依赖性很大，其基础是不牢固的。寺院拥有雄厚的经济实力和大量人才，自然威胁到了世俗统治者的利益，再加上其所拥有的免役、免赋税的特权，导致了寺院经济的急剧膨胀，人丁大量流向僧门，极大地减少了社会的劳动力和国库收入。这种情况是统治者绝对不能容忍的，皇室与僧侣地主之间的矛盾加剧，导致了国家政权对佛教的打击。应该说，历史上出现的沙汰沙门和灭佛事件的深层原因，就是寺院经济和国家经济的矛盾尖锐化。“灭佛”使得寺院经济受到极大的打击，这表明依附式寺院经济的基础是不牢固的。

▲ 禅宗祖庭少林寺

少林寺有“天下第一名刹”之誉，位于河南登封市西12公里处的嵩山五乳峰下，始建于北魏太和二十年(496年)。少林寺建筑包括常住院及附近的塔林、初祖阁、二祖庵及达摩洞等。少林寺寺院宏大，从山门到千佛殿，共七进院落，总面积达3万平方米。

另一方面，由统治者敕建和供养的寺院数量有限，难以满足日益增长的出家人的需要。认识到了这一现状的僧门有识之士，开始探索建立一种新的独立的寺院经济形式，于是就有了中国的丛林体制。丛林制度是一种新型的寺院管理制度，包括经济制度、组织制度、人事制度等。它的经济制度，就是建立禅林经济或农禅经济，将劳动与禅修结合起来，富有创造性的是建立了“上下均力”之“普请法”，规定僧众必须自力更生，全体参加劳动，正所谓“一日不作，一日不食”。下面我们来讲讲禅林经济的产生和发展。

在唐代，由于僧众人数迅速增长，一些僧侣开始开垦土地，其中以禅宗寺院最具代表性。禅宗僧侣开垦土地，以劳作为务，以解决吃饭问题为教义。安史之乱后，这种劳禅并重、定居禅修的禅风在南方迅速发展，并最终成了被国家承认和保护的另一种寺院经济类型——禅林经济。当时私置的寺院土地遍布全国，如浙江的天童寺有田13000亩，所占地界跨数县，每年收租35000斛。在甘肃，仅大像寺，共有大小庄园6处，土地53顷56亩。另有生、熟

▲浙江宁波天童禅寺。位于浙江省宁波市东30公里的鄞县东乡的太白山麓，晋惠帝永康元年(300年),义兴禅师在距现寺址约2公里的古天童处,搭设草庵,号“天童寺”。宋真宗景德四年(1007年),奉敕命改名为“天童山景德寺”。明洪武十五年(1382年),朱元璋册封天下名寺,赐天童禅寺为天下禅宗五山之第四山。寺院傍山而筑,梯级布局,由低渐高,有天王殿、法堂(藏经楼)、先觉堂、罗汉堂、佛祖殿、选佛场、禅场、钟楼、御书楼、御碑亭等20多幢古建筑。原有999间,为历代兵火所毁,现尚存730多间,占地面积5.8万平方米,其规模之大,为国内罕见。寺内有清代顺治、康熙、雍正皇帝的御书碑刻等文物。天童寺不但是临济宗的重要门庭,还是日本佛教主要流派曹洞宗的祖庭,在日本和东南亚久负盛名。号称“东南佛国”,为全国重点佛教寺院。

坡荒地共 50 多顷。这种自给自足的农禅经济逐渐发展壮大起来，并逐渐代替了大寺院庄园经济。较著名的禅林庄园如普愿的池州南泉庄，义存在福州的雪峰庄，智孚在信州的鹅湖庄等。他们有些把土地出租给契约佃农，直接收取地租，如庐山东林寺出租荆州田亩，“收其租入”；大沩同庆寺，“僧多而地广，佃户仅千余家”，禅林经济完全世俗地主化。

禅林经济始终以独立的自主经营为主，自给自足，从而一改印度佛教和中国以往佛教依赖施主布施捐赠、寺院工商业经营的经济模式，并将寺院经济之重心转移到了农村，使佛教摆脱了对社会政府经济的依赖，也在一定程度上改善了佛教经济基础的脆弱性。而且有了强大的经济支持，才使佛教宗派能够全身心地从事佛教经典的阐释、义理的发挥和佛教思想体系的创造，才有可能培养出更多高水平的僧侣弟子，组成较稳固的、有独立性格的佛教僧团，并使所有这些能够持续下去，不断地得到继承、丰富和创新。中国佛教的几大宗派中，惟有禅宗能欣欣向荣，禅寺遍布大江南北，而其他几宗却逐渐败落，与禅宗的这种经营方式不无关系。

51. 唐代佛教与道、儒的关系

自从佛教传入中土以来，儒、释、道三教就竞争不绝，数百年来，时而对立，时而融合。发展到唐代，由于唐王朝释老兼崇，导致佛道二教在唐代争论不休，不仅在宗教上一争优劣高低，在政治、思想上也加剧了冲突。另一方面，由于唐王朝采取的是以儒为治国之本，将佛、道二教作为正统儒学之外的辅助工具的方针，也引起了儒家与佛、道特别是佛教之间的矛盾，整个唐王朝，反佛的声音未曾间断。

首先我们来看一下佛、道二教的关系。唐高祖、太宗时期，太史令傅奕曾两次上疏请求罢除佛教，一些道士对佛教也多有抗衡之处。但当时佛教势力也很大，不止一次地在盛唐时期要求召开“御前会议”，挑战道教，要和道教辩论，拼出个青红皂白。法琳著《破邪论》，引道士破国倾家之事例批判道教。法琳的弟子李师政著《内德经》，反驳傅奕之说。同时，道士李仲卿著《十异九迷论》，刘进喜著《显正论》，响应傅奕，贬斥佛教。法琳又作《辩正论》予以反击。佛道二教之间的争论在初唐即已激烈。在当时引起了社会的广泛注意，也直接影响到统治者对佛道二教的

态度。唐高祖谈到三教时曾说："老教、孔教，此土之基；释教后兴，宜崇客礼。"前面曾谈到佛教寺院有免役、免赋税的特权，就是因为唐王朝以客礼相待的缘故。但是，高祖也说："今可先老，次孔，末后释宗。"贞观年间，太宗李世民也认为如此。唐初"道先佛后"的宗教政策基本确立。其间各寺院名僧多有抗争，结果多以被流放而告终。此时，道教的地位得到了提高。

随着社会形势的变化，唐王朝的态度有所改变。玄奘法师归国后，唐太宗的以礼相待就是明证。武周时期采取的举佛抑道政策使得佛教的地位升到道教之上。应该说，佛、道二教的争论贯穿于整个唐王朝的宫廷争斗之间。在数百年间，佛道对论经常在宫廷举行。从另一方面说，佛、道在争辩之中不管是从宗教还是理论上都得到了长足的发展。到了唐高宗时期，再开御前会议，佛、道再进行激辩，道教辩不过。于是皇帝有这样的指令："搜天下《化胡经》焚弃，不在道经之列。"不过朝廷诏令归诏令，执行归执行。上面虽有禁令，下面根本充耳不闻。到了中宗时代，佛教再度告御状，要求彻底执行。于是朝廷再度明令禁止，把《老子化胡经》列为国家永禁之书。政府的理由是："这本书不是老子自己的著作，而老子的《道德经》把该讲的都讲了，没有了《化胡经》这本书，也没有什么亏损。倒不如把它禁了，省去许多麻烦。"实际上，《化胡经》还在继续流传。不仅如此，还由当初的一

▲ 法琳对诏。法琳法师，俗姓陈，原籍颍川，唐武德四年(621年)9月，太史令傅奕上废佛法奏事11条。唐高祖李渊征询沙门的意见，法琳法师据理回答，其后唐太宗时期也为佛教争取平等待遇而有所发言，产生很好的效果，并参与初唐佛教译场的工作。法琳法师于贞观十四年(640年)7月23日入寂，年69。

卷逐渐繁衍增加为十卷，反而成为一部巨著。不仅内容强化，而且成为道士的必修经典。除了《化胡经》本身增修了内容之外，同时还出现了一些有关的新书，如《老子开天经》、《出塞纪》、《玄妙篇》等等，广传天下，真是越打越强，越禁越多，把佛教人士弄得非常恼火。足可见当时的佛道之争异常激烈。

儒家与佛教的争论，主要是围绕着佛教徒出家、剃发、住庙等方面，对中国传统的纲常名教发出了挑战。比较有代表性的争论，例如关于沙门是否拜君父的问题。在儒家看来，沙门不拜君王和父母是违背三纲五常的。关于这个问题在唐代之前就早有争议，在唐代仍然继续。高宗曾经下令僧尼礼拜皇族父母，引起了佛教徒的强烈反对，长安僧侣200余人上表申诉，许多贵族大臣也纷纷上疏。佛教僧徒认为依照佛教经典的说法，出家人不礼拜君王父母。佛教进出中国后，历代帝王均遵行这一特殊礼仪。如果沙门跪拜君王父母，将会使僧侣为人所不敬，最终导致佛教的灭亡。后来经过多次的抗争和朝廷的争议，高宗下诏准许这一特例。但到开元年间，唐玄宗也曾多次下令僧尼、道士、女冠致拜父母。

在名士大臣当中，反佛者大有其人，影响教大的是唐宪宗时的韩愈。韩愈认为佛教寺院占据农田，侵蚀国家财力；逃避赋税，游手好闲；剃度出家，破坏礼教。佛教与天下的衰败有很大关系。韩愈的辟佛虽然最终导致其被贬，但他的言辞之激烈，态度之坚定，给后世留下了很大的影响。

总而言之，虽然反佛的声音不曾间断过，但佛教依然在不断地发展着。唐代采取的三教折中的态度，在一定程度上缓解了三教的矛盾和斗争。安史之乱后，三教逐渐走向了合流转化。

52. 佛教对朝鲜、日本的影响

朝鲜、日本都是中国的近邻，佛教都是通过中国传进去的。早在朝鲜三国时代，佛教开始从中国传入，隋唐时期大小乘各宗教理几乎全部输入，其中影响较大的宗派是三论宗和律宗等。当时，由于三国封建政权都积极扶持佛教，派很多僧人到中国求法，知名的有高句丽僧朗大师、义渊、实法师、印法师等；百济僧谦益、慧慈等；新罗僧无相、圆光、慈藏、圆胜、惠通、胜诠等。其中有许多人还赴印度求法。百济僧谦益由中国到中印度专攻梵语和律部，回国时带回许多梵本加以翻译和研究，促使律宗在三国迅速传播；新罗僧惠超，曾踏遍五天竺，著《往五天竺国传》，介绍了印度及其周边诸国的地理、交通、文化和风俗，促进了中印文化交流。佛教在朝鲜的流传发展过程中形成了带有朝鲜民族特色的宗派，对朝鲜古代的历史和文化发生过深远影响。朝鲜三国时期，佛教的流传虽然较为广泛，但还处在传播和解释教义的阶段。

朝鲜在新罗统一之前佛教发展还没有成其规模。7 世纪时，新罗联合唐军灭百济和高句丽后统一朝鲜，成为朝鲜历史上第一个统一的王朝，经济文化迅速发展，与唐王朝交往密切，佛教也开始普及到全国。

前面提到的天台宗、三论宗等在唐时逐渐衰灭，但在朝鲜和日本都有了一些后续发展。而唐代时盛行的法相宗、华严宗等更是传播广泛，后来传入的密宗、禅宗、净土宗，也日渐流行。9世纪初，中国禅宗开始传入朝鲜。新罗宣德王五年（784年），道义入唐从虔州西堂智藏参学心法，受其法脉。822年回国后传达摩禅，始传南宗禅，不是很兴盛，但它成为后来的禅门九山之一的迦智山派。兴德王三年（828年），洪陟入唐跟随智藏受法，回国后在实相寺宣扬禅法，开禅门九山的另一派——实相山派，禅宗开始兴盛。新罗末期的道诜把佛教的善根功德思想同道教的阴阳五行及地理风水说相结合，开创了具有特色的“祈福佛教”，使佛教更加神秘化。此时，教禅分庭抗礼，互相竞争，佛教开始衰微。再由于新罗历代国王都崇信佛教，大

▲ 法相宗重要祖庭兴教寺，位于陕西长安县。始建于唐高宗时期的669年，清代毁于火，现在的建筑重修于1922年和1934年。

量建造寺院和鼓励出家，劳动力和兵源减少，给国家财政带来了极大负担。所以在新罗后期开始限制佛教，导致佛教衰落。

9世纪时，新罗王朝政变频繁，社会各种矛盾日益尖锐，各地发生多次农民起义，后高丽王朝建立，于936年统一朝鲜。此时，佛教开始朝民族佛教宗派方向发展。佛教界高僧辈出，寺院经济也有了长足发展，出现了经营商业、高利贷的情况。佛教在政治上的影响大了起来。在高丽王朝期间，天台宗的发展有一定代表性。其仿中国天台宗建寺传法，直承天台法义。另一方面是发展出了天台法华礼忏法会，造就了专修此种忏法的众多法师。到了高丽王朝中后期形成了以曹溪宗为代表的民族佛教宗派，后朝鲜李姓王朝崇儒排佛，佛教发展衰微。

日本的佛教发展，也是经历了一个漫长的民族化过程，佛教传入日本的具体年代不太确切。大约是6世纪时通过朝廷和民间的往来传入的，到12世纪时才发展成为日本的民族佛教，构成了日本文化的重要组成部分，直到现在还在继续流行。

佛教初传入日本，日本社会还比较落后，耕地以氏族所有制为基本形态，文化比较后进，儒家经典和汉字刚输入不久，佛教被认为是触犯了他们自古以来信奉的祖先和氏神及自然精灵，遭到了一些王族大臣的反对。后来在推崇天皇统治期间，这场争论很快结束。事实上，日本原有的原始宗教并不能适应当时日本社会的发展趋势，佛教作为一种指导性文化很快得到了统治的支持。奈良时代，统治者既重视佛教也注意儒学的教育，佛教被特别用来提高天皇的权威，巩固中央集权，增强民众的统一意识，培养忍让无争的精神。这个时期由国家兴办的佛教事业，著名的是建造东大寺和国分寺，并通过这两座寺建立地方分寺。

这样从中央到地方的佛教组织系统建立。

公元9世纪以前，中国佛教宗派中的三论宗、法相宗、华严宗、律宗、成实宗、俱舍宗相继传入日本，流行于上层社会。佛教史将此成为“奈良六宗”。后迁都平安(今京都)，又被称为南都六宗。

三论宗以高丽僧慧灌为初祖。慧灌曾入唐跟随嘉祥吉藏学三论，推古天皇33年（624年）赴日，把三论传入日本。慧灌门下，人材颇多，福亮为其高足。其弟子智藏入唐后回国进行讲学，为三论宗第二传。智藏弟子道慈亦入唐，广学经典，回国后传三论之学，为三论宗的第三传。成实学派在中国曾盛极一时，出了不少学者，但传到日本却未独立成宗，被称为三论宗的附宗。

法相宗是道昭传入日本的。道昭在白雉四年（653年）随遣唐使入唐，受教于玄奘，与窥基同学，回国后住奈良元兴寺，并巡历各地，大弘法相唯识。文武天皇四年（700年）寂于元兴寺禅院中遗言火葬，为日本实行火葬之始。俱舍宗传入后附属于法相宗。

华严宗是因新罗僧审祥在日本开讲《华严经》而成立的，故审祥被奉为日本华严初祖，以请他宣讲《华严经》的良辨僧正为第二祖。审祥初住大安寺，后任东大寺别当(住持)，主持寺务和法务。其弟子相续，后受持此宗，并以东大寺为华严宗本山。审祥的老师是中国华严宗的第三祖法藏，所以他的法脉也间接传自中国。

律宗是奈良六宗中最后传入的宗派。开始有兴福寺的荣睿与大安寺的普照，鉴于日本戒律不兴，入唐求律，并敦请鉴真东渡。鉴真曾5次航行失败，经过12年苦心精进，始到达日本，而荣睿则于途中病故。鉴真到日本后，先在东大寺佛殿前建筑戒坛，为天皇、皇后和皇太子等授菩萨戒，一时受戒的达400余人，鉴真被尊为日本律宗初

▲鉴真东渡到达日本，受到朝野盛大的欢迎。

鉴真（687~763年），唐代律宗僧人。俗姓淳于，扬州江阳县（今江苏扬州）人。晚年受日僧礼请，东渡传律，履险犯难，双目失明，终抵奈良。在传播佛教与盛唐文化上，有很大的历史功绩。

祖。在营造、塑像、壁画等方面，他与弟子采用唐代最先进的工艺，为日本天平时代艺术高潮的形成，增添了异彩。如唐招提寺建筑群，即为鉴真及其弟子留下的杰作。整个建筑的结构和装饰，都体现了唐代建筑的特色，是日本现存天平时代最大最美的建筑。后鉴真在唐招提寺终其一生。生前由其弟子所塑的遗像，至今犹存，为日本的国宝。

奈良佛教是日本佛教发展的起点，属于中国佛教的早期移植阶段。此时的日本佛教除从中国引进外，本身没有创新，但制度逐渐完备，从僧官的设置、僧位授与、僧侣的品行衣食住所，均有详细规定。由于中国佛教被作为大陆先进文化输入日本，不少僧侣为确立以天皇为首的封建政治经济体制起过积极作用，所以奈良佛教与政治关系相当密切，带有鲜明的护国色彩。僧侣待遇优厚，寺院都建于城市，被称为“都市佛教”。当时，佛教的信奉者不甚重视佛教关于解脱成佛的理论，而比较重视积累功德和祈求现实利益为目的的诵经、建寺、造像及写经事业。总的来说，奈良佛教跟一般民众比较疏远。

▲ 唐招提寺

日本的唐招提寺是由中国唐代高僧鉴真和尚亲手兴建的，是日本佛教律宗的总寺院。该寺位于奈良市，是一组具有中国盛唐建筑风格的建筑物，已被确定为日本国宝。唐代高僧鉴真(688~763 年)6 次东渡日本后，于天平宝字三年(759 年)开始建造，大约于 770 年竣工。

奈良后期随着佛教的发展盛大，僧侣参与政治过多给中央集权造成了威胁，天皇特别扶持当时从唐朝传入的天台宗和真言宗，用以对抗与奈良佛教相抗衡的势力。日本平安时期，佛教的净土宗逐渐流行。由于战乱和社会的危机，净土信仰迅速传播。这一时期的日本佛教，因受盛唐的影响，多在名山建立寺院，开创了日本的“山岳佛教”。与政治的联系也不如前代那样密切，可以说从政教合一转变为政教并立。佛教的任务是祈祷国家平安。以后的日本佛教派别，不再单纯是中国的佛教了。

奈良佛教和平安佛教是日本佛教初传时期的前后两个阶段。与中国初传时期佛教相比，它在社会政治文化领域的影响较大，信仰色彩更浓，而哲学思辨较少。

日本镰仓时期，佛教有了新的宗派发展，这一时期历经南北朝时代（1333~1392 年)、室町时代（1392~1573 年)，直至安土桃山时代（1573~1603 年）为止，除前代各宗延续外，又建立了净土宗和禅宗，还产生了日本特有的净土真宗、时宗及日莲宗等派别。

净土思想早已传人日本，但净土宗却是源空依中国唐代善导的《观无量寿佛·经疏》深信弥陀本愿理论而创立。自净土宗分出的还有以亲鸾为宗祖的净土真宗，亦称“真宗”、“一向宗”。真宗以净土三部经（《无量寿经》、《观无量寿经》、《阿弥陀经》）为依据，崇奉印度的龙树、世亲以及中国的昙鸾、道绰、善导和日本的源信、源空七位高僧，称为三国七祖。

中国禅宗早由道昭、道睿、义空等传入日本，然未独立成为宗派。后睿山的觉阿于南宋乾道七年（l171 年）到中国，从杭州灵隐寺佛海禅师慧远受临济宗杨歧派法脉，4 年后回国，是日本有临济禅之始。及荣西入宋回国，才开创日本临济宗。禅宗自镰仓时代传入日本后，经吉野时代（亦称南北朝）至室町时代的 200 余年间，由于朝野崇奉，不断得到发展。临济宗 14 派的本山，几乎都在京都和镰仓。当时模仿中国宋代禅宗五山十刹制度的镰仓五山和京都五山的僧侣，致力于诗文的研究，形成了所谓“五山文学”。其后日本遣明的正副使节，多数为五山僧侣所担任。其中知名的有了庵桂悟和策彦周良等。此时禅宗的思想、文学、美术、风俗、习惯等，对日本国民生活的影响很大。如茶道、花道、香道与书道等，均随禅宗的发展而流行。

53. 玄奘的唯识宗

唯识宗创立于唐太宗、高宗时期，又称作法相宗、法相唯识宗和慈恩宗，是建立于唐代的第一个佛教宗派。创始人是著名的三藏法师玄奘及其弟子窥基。

玄奘法师是中国历史上最伟大的人物之一。他不仅是我国佛教学界负有崇高声望的大德，而且是中国古代最优秀的翻译家。我国古典四大名著《西游记》里的唐僧，指的就是他。虽然《西游记》只是以玄奘法师西游行程为背景的神话，而玄奘法师则不只实有其人，并且是中国历史上最富于冒险的、勇于克服困难的、在沟通中印文化上最有贡献的一个人。

玄奘（600~664 年），俗姓陈，名祎，洛州缑氏（今河南偃师缑氏镇）人。他少年出家洛阳净土寺，13 岁破格受度为僧。隋末大乱，出走长安、四川等地，综观国内参学，对佛教典籍多有怀疑，所以发誓西行求法。

玄奘出生于李唐初叶，在国势隆盛之日，他的壮志亦如日中天。玄奘孤身西征天竺，求取佛经，当时完全没有交通设施，须绕道遍游数十国，历时 17 年，艰苦备尝，终于以百折不挠之精神，完成可说是空前绝后的壮举。在唐太宗贞观十九年春，他自印度留学回来中国，满载而归返

▲玄奘法师像

抵长安京城，当时受到朝野轰动地欢迎。然而，玄奘大师对于国家、民族的贡献，并不单是上面所说的一点荣耀。玄奘真正不朽的事迹，实是翻译佛经，促进了中国文化的发展。盛唐的文化，受佛教影响极其深远，成为中国历史上千百年来的光辉，玄奘大师的精髓流注于其中，而且直到心力竭尽才停止。玄奘回国后，主要从事佛经翻译事业。玄奘的译介重点在瑜伽行学派和说一切有部论著。玄奘西行求法的目的就是要寻回《瑜伽师地论》，以解决当时中国佛教在心性等方面面临的疑难。

玄奘在翻译佛经的过程中常常是边讲边译，旁边有人做笔记，并做了注疏。所以实际上是把他的唯识思想传给了在场的辅译人员。这样，玄奘通过译事和讲经，为法相唯识宗的发展准备了物质和人才条件。值得一提的是，玄奘的翻译是译经史上的最高成就。他的译笔严谨、质量很高，后人通称为“新译”，实际上是在中国译经史上开辟了一个新纪元。玄奘自己的著作不多，除了为世人所熟知的《大唐西域记》外，其余著作均不传。他的许多见解散见在其门徒的记述中。《成唯识论》是他糅合唯识十家对《唯识三十颂》的注疏编译而成的，可以看作是玄奘思想的代表作，也是慈恩一宗的奠基性论著。

玄奘门下人才济济，其中最著名的是神昉、嘉尚、普光和窥基，有“玄门四神足”之称，而真正继承玄奘唯识

▲玄奘取经回长安图

宗思想是窥基。窥基（632~682年），俗姓尉迟，是唐开国大将军尉迟敬德的侄子，17岁奉敕成为玄奘弟子。因为常住慈恩寺，世称“慈恩大师”。他著述丰富，有“百部疏主”之称。窥基的《成唯识论述记》为后世唯识学者所推崇。由于玄奘的主要精力都放在译经上，所以组织学说义理的使命就放在了窥基的肩上。唯识宗的规模也是他一手建立并发展起来的。一般认为，唯识宗创于玄奘，成于窥基。

法相唯识宗奉印度大乘有宗，理论渊源是印度瑜伽行派，特别是护法一系的思想。法相宗的基本理论是用逻辑的方法论证外境非有，内识非无，即“唯识无境”说。这是说人的主观精神作用是唯一的真实，我们面前呈现的一切事物和现象即认识对象都是主观精神变化出来的，不能离开人的认识而独立存在。唯识宗还从5位百法的世界图式论、八识说、三能变、四分说等方面，对唯识无境的思想作了具体阐发。

任何佛教理论，其最终的归宿，都是解脱成佛，唯识宗也不例外。在佛教实践方面，唯识宗从唯识无境的基本观念出发，提出了其独特的人生解脱理论。

▲ 窥基

如果说“万法唯识”和“唯识无境”的命题是唯识对宇宙本体和根源的总体概括，那么，“三自性说”是唯识宗对世界诸法相状的分析描述和价值判断。所谓“三自性”具体指遍计所执性、依他起性和圆成实性。三性说是唯识学的核心，是唯识宗对世界总的解说。唯识宗认为，只要不懈修习，转舍遍计所执性，而转得圆成实性，就是解脱。这样就是要重视“转依”即转变思想的认识，把认识上的由迷转悟作为修持目的。唯识宗主张的 5 种性说，改变了一切皆有佛性的看法，因而受到了传统儒家及佛教界内部天台宗等的多方责难。另外，玄奘、窥基等对因明的介绍与传播，也有很大的贡献。

由于唯识学思辨性很强，甚至流于晦涩烦琐，又坚持种性说，这与中国崇尚简易的思维传统和人性本善及人人皆可以成为尧舜的观念相冲突，因此，唯识宗在经历了玄奘、窥基的辉煌与兴盛后就急剧衰落了。

54. 法藏的华严宗

隋唐五代的佛教宗派，多数由地地道道的中国僧人创立，只有华严宗是由地处丝绸之路上的昭武九姓康国人的后裔、中国籍僧人法藏创立的。按照传承系统，他被华严宗人尊为华严宗三祖。华严宗是唐代高僧法藏创立的中国佛教宗派，以阐扬《华严经》而得名。又因为武则天赐号法藏“贤首”，后人称其为“贤首大师”，故又称“贤首宗”。还因为此宗发挥“法界缘起”的旨趣，也称为“法界宗”。

一般认为华严宗的传法世系是杜顺—智俨—法藏—澄观—宗密。对《华严经》的研究，自晋代至梁代，在南方的一些佛教学者中已经开始；南北朝时期，北方学者转而兴盛；隋代时，在长安南郊终南山至相寺聚集对《华严》有研究的佛教学者数十人，华严宗的先师杜顺、智正、智俨等，都长期活动在这里，使该地区成为华严宗的发祥地。杜顺将《华严》放在大乘圆教的最高地位，把《华严经》的主要思想概括为真空观、理事无碍观、周遍含容观等3个方面，后来经过智俨、法藏的发展构成了华严宗著名的“四法界”理论。智俨号“至相大师”、“云华尊者”，他阐发了“六相”、“十玄门”等义理，奠定了华严宗的主要理论基础。

▲法藏（643~712年），法藏是智俨的弟子，他继承了杜顺、智俨一脉的思想，将华严宗发展成为教义完备、信徒众多的一大佛教宗派。他生在长安，祖籍在康居（今乌兹别克斯坦的撒马尔罕一带），故又称康法藏。

法藏17岁出家，入终南山听智俨讲《华严经》。后来，他的佛教生涯莫名其妙地和武则天挂上了钩。唐高宗咸亨元年（670年），皇后武则天为刚刚去世的母亲荣国夫人杨氏广树福田、追崇冥福，在长安舍宅为寺，名曰太原寺，命度僧住持，28岁的法藏被推荐受沙弥戒，隶属该寺。

武则天称帝后，命法藏在洛阳佛授记寺讲解新译《华严经》。法藏口中冒出耀眼的白光，片刻腾涌如华盖。据说，其为武则天讲法时，“地皆震动”，又指殿前金狮子为喻使武则天豁然领解，后整理为《华严金狮子章》。武则天于是指示十大法师为他授满分戒即具足戒，因《华严经》中有位菩萨叫贤首，就特赐他号贤首。从此，法藏又被称为贤首大师。

法藏还为唐睿宗授菩萨戒，成为皇帝的门师。中宗还曾给他三品大官的奖赏，又给他造5所大华严寺。法藏通过朝廷的支持，传译经典、著书立说、收徒传法，阐释华严义旨，提出判教主张，最终创立了独具特色的新的佛教宗派。

证圣元年（695年），法藏参加实叉难陀主持的译场，担任笔受，重新翻译《华严经》。圣历二年（699年）翻译完成，译出80卷，世称《八十华严》。法藏一生讲经讲法，不遗余力，前后讲新、旧译《华严》30余遍。法藏学富五车，著述颇多，除《华严金狮子章》外，还有《华严探玄记》、《华严经旨归》、《华严策林》、《华严五教章》、《华严问答》、《华严义海百门》、《游心法界记》、《文心纲目》等。这一系列的著述，构成了华严宗系统的教观学说，在判教、义理、观行等各方面都作了独特的发挥。

华严宗认为物质世界是虚幻的，佛性是实有的；事物现象是假的，本性是真实的。它为了论证佛性是世界的本原，对事物的本质与现象、事物的同一性与差异性作了论证，提出了“四法界”说，作为其理论核心。首先，它把物质世界说成是“事法界”，法界就是把世界归结为包罗万有的抽象存在。在“事法界”基础上有一个本体世界“理法界”。这也就是佛教所说的此岸世界和彼岸世界。其次，它又提出了“理事无碍法界”，也就是现象中都包含有本体。最后，提出了“事事无碍法界”，即各个事物之间没有差别对立，互相包容。华严宗的“四法界”说对后世的宋明理学有很大的影响。

判教学说是华严宗佛学体系的重要组成部分，也是华严宗得以成为独立的佛教宗派的重要标志。为了确立华严宗的思想体系，确立《华严经》在整个佛教经典中的权威地位，法藏在总结前人判教学说的基础上，提出了自己的“五教十宗”的判教理论。五教系自教上分类，十宗则自理上分类。所谓五教即小乘教、大乘始教、大乘终教、一乘顿教和一乘圆教。然后在这五教基础上，还将一代佛法判为十宗，即我法俱有宗（此宗主张主观之我与客观之事物俱为实有而存在。说善恶报应教义之人天乘及小乘中之犊子部等属此）、法有我无宗（此宗主张客观之事物遍三世而实有、法体恒有，但并没有主观之我。小乘说一切有部等属此）、法无去来宗（此宗主张一切法现在有实体，而在过去未来则无实体。大众部等属此）、现通假实宗（此宗不独说过去、未来无体，即对现在法亦主张有假有实。万有分为五蕴、十二处、十八界，此中五蕴法有实体，但十二处、十八界是所依、所缘，属积聚法，是假有不实。说假部、成实论等主张此说）、俗妄真实宗（此宗主张世俗之万法尽属虚妄，唯有说出世间真谛之佛教真理为实在。说出世部等属此）、诸法但名宗（此宗主张世、出世间、有漏无漏之一切事物，但有名无实体。一说部等属此）、一切皆空宗（此即般若经等之大乘始教所说，主张一切万法悉皆为真实）、真德不空宗（万法终归一真如，故此宗称烦恼所覆盖之真如为如来藏，而主张如来藏有真实之德，故真体不空。五教中之终教属此。即楞伽经等）、相想俱绝宗（真理乃是客观之对象与主观之心共泯，绝相对待之不可说、不可思议。五教中之顿教，例如维摩经中不二法门之说即属此）、圆明具德宗（主张万法一一悉具足一切功德，所有现象互不相碍，具有重重无尽之关系。华严之别教一乘即属此）。这十宗前六宗属于小乘教，后四宗属于大乘佛教。

除了“四法界”说，法界缘起说也是华严宗的基本理论。“六相圆融”和“十玄无碍”是法界缘起说的主要内容。“圆融无碍”讲的是现象和本体、现象和现象之间是圆融无碍的，是观察宇宙、人生的法门，也是认识的最高境界。

法藏之后，主要是其弟子澄观、宗密发展华严宗，澄观还曾被唐王朝封为“国师”，并主持全国佛教。从中宗到武宗约 160 余年，是华严宗最盛行的时期。宗密逝后，随即发生会昌灭佛事件，华严宗受到了沉重打击，寺院被毁，经纶失散，转趋衰落。

55. 慧能的禅宗

禅宗的形成，是整个佛教史上的大事。它是隋唐时期创立的最具有中国特色的佛教宗派，也是中国佛教宗派中影响最大、流传时间最长的一个宗派。所谓“禅”是梵语“禅那”的简称，意为“静虑”、“禅定”。禅宗之所以以“禅”命宗，是因为它以禅概括了佛教的全部修习活动。

中国的禅宗，按照一般传统说法，认为它创于南北朝时期，始祖为印度人菩提达摩。从达摩到三祖僧璨，禅法只在师徒间流传，影响不大，从四祖道信至五祖弘忍期间才形成了比较明确系统的禅法理论和实践形式。

五祖弘忍之后，禅宗的发展出现了一个转折，其座下弟子神秀和慧能分别在南北传法，出现了南北对立的局面，这就是所说的“南能北秀”。后来，慧能的南宗逐渐取代神秀的北宗，成为中国禅宗的主流。事实上，禅宗作为一个独立宗派出现，是从唐代开始的，慧能是其实际的创始人。

慧能（638~713 年），唐高宗时期僧人，广东新兴县人。原姓卢，家境贫困。24 岁时听人讲《金刚般若经》，有所领悟，遂决定投奔弘忍为师。初入时，慧能见弘忍，弘忍便问他：“你是哪里人？来这里做什么？”慧能回答：“弟子是岭南人，来到这里不求其它，只求作佛。”弘忍说：“你是岭南人，哪里能作佛！”慧能回答：“人有南北之分，佛性并无南北之分。”这番回答让弘忍略感惊异。弘忍就安排他随众劳动，在寺中作打柴、推磨等杂活。慧能平时也随众听法，虽有领悟，却默默不语。直到有一天，弘忍召集门下弟子作偈，他才崭露头角。当时弘忍座下有一名高徒名叫神秀，作偈道：“身是菩提树，心如明镜台。时时勤拂拭，勿使有尘埃。”慧能不同于神秀的看法，于是也作偈：“菩提本无树，明镜亦非台。本来无一物，何处染尘埃？”一偈既出，震惊四座。偈子虽短，却显示出了他对佛性的领悟。于是，弘忍决定传衣钵给慧能。

▲慧能大师

慧能是禅宗的实际创始人，他所主张的“识心见性”和“顿悟成佛”理论将孟子一派的人性论、庄子一派的逍遥思想和印度的大乘空、有二宗糅合在一起，作了改造，发展成了具有中国特色的宗派。慧能在南方说法，教授徒弟，将此思想大兴宣扬，盛倡“直指人心、见性成佛”的顿悟主张。一时信徒云集，从者成市。慧能在宝林寺说法30余年，影响越来越大。武则天、唐中宗曾先后召其入京，均被婉言谢绝。睿宗延和元年（712年）慧能回新州故乡，

▲弘忍大师

住国恩寺，次年圆寂于该寺。慧能本人并无著作，其弟子法海根据其在大梵寺的讲法内容记录整理而成《坛经》，流传至今，被奉为禅宗宗经。在佛教中，只有佛祖释迦牟尼的说法行为记录能被称作“经”，而一个宗派祖言行录也被称做“经”的，慧能是绝无仅有的。

慧能的主要观点概括起来有三个方面：

第一是“本性是佛”说。禅宗认为，人性就是佛性，心是成佛和客观世界的基础。著名的二僧争论风吹幡动一事即可证明这个道理。据《坛经》记载，慧能初到南方传法，到广州法性寺时，见二僧正在争论，一僧说是风动，另一僧说是幡动，慧能说，不是风动，也不是幡动，而是“仁者心动”。这个逻辑即显示世界是依赖人心存在的，是空的。

第二是“无念为宗”说。“念”，本指记忆，此泛指分别、认识，即思维活动。“无念”的含义有两个要点：一是就主观方面说，心体要离开念，即认识本体，远离一般的思维活动；二是就客观方面说，见一切现象（“一切法”）而又不执著。这就是说，思维时不执著主观思维和客观现象，为无念。只要悟解这种无念法门，排除一切妄念，就能达到见佛的境界，总之，禅宗认为人心不要受任何外物迷惑，即心中不能存在事物的表象。同时也不要对客观事物作肯定或否定的答复。

第三是“顿悟成佛”说。这主要是讲成佛的方法。这种观点是对佛教教义的一大改造。慧能提倡的顿悟说与其他宗派不同，它不讲累世修行，不追求繁琐的宗派仪式，不搞财物布施，而是主张顿悟成佛。顿悟就是要靠自己的智慧，单刀直入，马上悟出佛性来，即一刹那间就能达到成佛的境界。同时，禅宗还反对坐禅，认为坐禅是一种渐修的方法，不可能使人很快成佛。禅宗说在劈柴担水间即可成佛就是这个道理。这种顿悟成佛说，比其他宗派更有吸引力，从而也使其得以迅速发展。

总的说来，慧能所创立的禅宗，是中国佛教史上的伟大革命，对中唐以后的佛教和宋明理学都产生了广泛而深远的影响，禅宗最终成为了中国佛教宗派中的主流，并流传到了海外，对东亚佛教及整个世界佛教产生了深刻的影响，至今仍绵延不绝。

56. 五家七宗

慧能以后，禅宗经过几代传播，首先在湖南、江西出现了南岳怀让、青原行思两个系统。后来，南岳系又分为沩仰、临济两派；青原系分出曹洞、云门和法眼三派，称为五家。这个时期是禅宗发展的极盛时期，这五大支派将禅宗推广到了极至。到了宋代时期，临济宗又分出青龙、杨岐二派，合称“五家七宗”。

以会昌法难为开端，佛教继续遭受南方起义、军阀混战的破坏，最终形成了五代十国的分割局面，导致以官寺庄园经济为基地的经院派诸宗一蹶不振，也迫使山林禅宗不断向外扩散。另一方面，由于外患内忧不断，国家控制力大减，流入山林的人数大增，禅宗在各种势力夹缝中反而获得了新的发展。唐末五代时期的禅家五宗就是在这种条件中产生。

首先说南岳怀让一派，由于其大体在江西洪州传播，称为江西禅或洪州禅。洪州禅基本继承了慧能的禅学思想。在成佛问题上，怀让、马祖道一直示人要“自心成佛”。在修行实践上，则认为生活之中，处处皆禅，并多采用呵、打、踢等方式接引学人，禅风为之大变。这种方式在后来的禅宗中盛行起来，并被后来的临济宗所继承。洪州宗中必须提的是百丈怀海禅师，他所作的《禅门规式》，将既禅且农的寺院经济方式规范化和制度化。发端于道信，开拓于弘忍的农禅体系，到怀海时才最终完成。这是禅宗的一大革新，这一制度很快通行，并于元代重修《百丈清规》，成为官方颁布的必行戒条。

青原一派的禅风则与上述大有区别。由行思、希迁发展来的，在慧能禅法的基础上，大胆吸收诸宗思想，显示出温和雅致的“学者禅”、“文化禅”风貌。后来，禅宗形成的各种派别都可以从他们的思想中找到根据。

接下来我们看一下由此二派发展起的五家。沩仰宗是禅宗五家中成立最早的一家。因为此宗的开创者灵祐禅师和他的弟子慧寂禅师分别住在潭州沩山（今湖南宁乡西）和袁州大仰山（今江西宜春南），后世便称之为沩仰宗。中国禅宗至此进入了分灯时代。沩仰宗的禅法风格较为杂乱，但基本继承了前人的宗风。这一家于宋初即告衰落。

临济宗的祖师是洪州禅系的希运禅师，实际创始人为希运的弟子义玄。该宗“以喝、打为化门”。这种打喝方式是临济禅的突出特点。在打喝之外，还有为世人所惊叹的“喝佛骂祖”，具体表现为毁佛毁祖、杀父杀母以及对传统佛教经典的排斥。临济宗的家风，机用峻烈，自古有“临济将军”之称。意谓临济宗似指挥百万师旅的将军，如以铁锤击石，现火光闪闪之机用。总体来讲：临济宗接化学人的方法，单刀直入，机锋峻烈，对学人剿情绝见，使其省悟。此宗成为禅宗五家中流传最广最长的一派，是同它所具备的这些特点分不开的。这种打骂之风后来愈演愈烈，使其广泛传播，有“临济遍天下”之称。

曹洞宗的创始人是洞山良价和曹山本寂。曹洞宗自良价创始，到本寂大振，甚至流传到新罗、日本。禅宗五家自宋代以后，只有曹洞、临济并存，有“临天下，曹一角”

▲ 洞山禅林

位于江西宜丰县东北47公里，是中国佛教曹洞宗祖庭，天下举宗，曹洞宗弟子遍及世界，早在840年就有日本瓦室能光、朝鲜利严等和尚在洞山长住，使曹洞佛法徙入日本及朝鲜。现在，曹洞弟子在日本就有千万之众，良价大师(835年)创立的曹洞佛法，传扬世界，良价于咸通十年(869年)唐懿宗敕以"悟本禅师"法号，圆寂后敕建"慧觉宝塔"于洞山后山。

之说。曹洞宗主要讨论事理关系。《十规论》说敲唱为用，即师徒常相交接，以回互不回互之妙用，使弟子悟本性真面目，是极其亲切之手段，可称绵密。天下流传着"曹洞土民"之说，意谓曹洞接化学人，似是精耕细作田土的农夫，绵密回互，妙用亲切，这也是曹洞宗接化学人的一种特色。

云门宗的创始人是文偃禅师（864~949年），因为他长期居住在韶州云门山（今广东乳源县北）的光泰禅院而得名。文偃禅法以"云门三句"、"一字关"而著称。文偃上承石头希迁等人的"即事而真"的见解，创设了一套独特的教学方法，这就是文偃的法嗣德山缘密禅师所总结的著名的云门三句："我有三句语示汝诸人：一句函盖乾坤，一句截断众流，一句随波逐流。"（《五灯会元》卷十五《云门宗·德山缘密禅师》）"函盖乾坤"句是说宇宙间的一切都是真如妙体的显现，都有佛性。这也就是所谓"青青翠竹，尽是法身"（《云门匡真禅师广录》卷中），"一切现成"，不需任何改变。这是云门宗对宇宙万物的生成和本性的总看法。"截断众流"句是接引学人认识事物的方法。

这是强调用一个字或一句话回答学人的提问，使之蓦地截断转机，体会真理不可名说，破除各种执著，径直地去体证真如。“随波逐流”句，也是接引学人的教学方法，是说对参学者要根据具体对象的不同情况灵活说法。云门三句，又称“云门剑”，比喻其锋利无比，能斩尽一切妄念、执著，获得思想解脱。“一字关”的来由是文偃对学人的提问，经常用一个字来回答。总的来说，此宗家风，孤危险峻，简洁明快。其接化学人，不用多语饶舌，于片言只句之间，超脱意言，不留情见。云门宗的传播时间不长，到元代就衰落了。

法眼宗的创始者是师备的弟子桂琛，以及其弟子文益，在南唐、吴越时得到了很大发展，成为五代末影响最大的禅系。文益死后，谥号“大法眼禅师”，所以后世称此法系为法眼宗。法眼宗的禅学是建立在唯识宗“万法唯识”和华严宗“理事圆融”的基础上的，是禅宗五家中最晚成立的一家，在宋初极其昌盛，到宋代中叶就失传了。

入宋之后，临济宗仍是最为活跃的一系。仁宗时禅师善昭在士大夫中开辟了新的扩展道路。其弟子楚圆在南方拓展了新的活动范围，后来楚圆的弟子黄龙慧南在江西南昌黄龙山建立了黄龙派，黄龙派的兴起到衰竭，仅100多年而已。另一弟子杨岐方会在袁州杨岐山（江西萍乡县北）开创了杨岐派。杨岐派后期恢复了临济旧称，所以临济后期的历史，也就是杨岐派的历史。此派禅法，在宋元两代传入日本，在日本镰仓时代禅宗24派中，有20派皆出于杨岐法系。

禅宗的社会地位表现在对士大夫阶层的影响越来越大，许多儒家学者也受到了禅宗的影响。后来，宋明理学从其中吸取了诸多营养，禅宗自身的发展反而枯竭了。

57. 道宣的律宗

律宗，是中国佛教中以研究和传持戒律为主的一个宗派。它是根据小乘法藏部并加以大乘教义的阐释而形成的宗派。其正式建宗是在唐代，因专事宣扬佛教戒律中的“四分律”，又称“四分律宗”。还因为创宗者道宣居终南山，创立戒坛，制定中国佛教的仪理制度而名为“南山宗”、“南山律宗”。

律，就是戒律。从教义上说，戒律是戒、定、慧三学之首。对于佛教来说，戒律是颇为重要的。因为佛教除了用它的理论向信奉者进行宣传外，还要用众多的戒条去约束他们的行动。因此，自从原始佛教以来，戒律作为维护佛教僧团的重要规则而备受重视。自我国东晋以来，印度小乘部派佛教的四部广律在我国流传。南北朝时期就出现了专门讲律学的律师。到了唐代国家统一，佛教内部也需要实行统一的戒律加强组织，在这种情况下，道宣创立了律宗。

道宣（596~667 年），俗姓钱，吴兴（今浙江湖州人），一说丹徒（今属江苏）人。道宣曾与隐居终南山的医学家孙思邈结下深厚的友谊；又曾参加玄奘的译经活动，受唯识宗的影响。他在中国佛教史上是很有影响的一个人物。

▲ 终南胜景

道宣的主要著作有以下几部：《广弘明集》30卷；《续高僧传》30卷；《集古今佛道论衡》4卷；《大唐内典录》10卷。书中收集了相当丰富的历史资料。这些资料不仅对于研究中国佛教史来说，是相当重要的；而且，对于研究我国唐代高宗以前中古时期的思想史、文化史来说，也是相当重要的。道宣在他的著作《四分律删繁补阙行事钞》3卷（今作12卷）中阐述了他为律学开宗的创见。又撰写了《四分律拾皮毗尼义钞》3卷（今作6卷）。后又撰《四分律删补随机羯磨》1卷，《四分律删补随机羯磨疏》2卷，《四分律比丘含注戒本疏》3卷。贞观十六年（642年），入终南山丰德寺著《四分比丘尼钞》3卷（今作6卷）。后即长住此山，创设戒坛，制定佛教受戒仪式，从而正式形成宗派。

道宣把戒分为止戒、作持两门："止戒"是"诸恶莫做"的意思，规定比丘250戒、比丘尼384戒；"作持"是"诸善奉行"的意思，包括受戒、说戒和衣食坐卧的种种规定。他说《四分律》从形式上看属于小乘，从内容上

▲天人应供台，“天人应供台”是净业寺最著名的地方，是祖师台——道宣大师当年禅坐之地，它位于寺院最高处，坐东朝西，面对虚空，是峭壁间凹进去的一个小平台，不足两平方米，台下便是万丈深渊。台上岩壁高一米多处又天然形成一平台，恰好仅容一人打座。道宣于贞观十六年入居终南山丰德寺，乾封二年于净业寺创立戒坛，为后世建筑戒坛之楷模。

看当属大乘。道宣门下弟子道岸又请唐中宗墨敕，使最后奉持《十诵律》的江淮地区改奉南山的《四分律》。这样，全国佛教的戒律就基本上趋于统一了。

律宗的教理分为戒法、戒体、戒行、戒相四个方面。戒法泛指佛教的各种戒律，是通往解脱的重要途径。戒体是指弟子从师受戒时所发生而领受在自心的法体，也就是通过戒律的行为在受戒者心理上产生的一种防非止恶的功能。戒体论是律宗的主要学说。戒行指奉持戒律的实践，又分受戒、随戒两种。戒相是戒的相状，指持戒人所表现的与众不同的威仪相状，一般指模范地遵守戒律的相状。

与道宣同时弘扬四分律的还有相州（今河北临漳境内）日光寺法砺和西太原寺东塔的怀素。东塔宗、相部宗与南山宗被称为律宗三家。三家互有争论，尤以相部与东塔二宗争论最为激烈，后来此二宗逐渐衰微，南山宗独盛而绵延不绝。道宣弟子众多，道宣之后，继承其法系的是周秀。周秀之后，依次传道恒、省躬、慧正、玄畅、元表、守信、元解、法荣、处元、择悟等。恒景师从道宣弟子文纲，其弟子鉴真曾排除万难东渡日本，开日本佛教史正规传戒之先河，被称为日本佛教律宗初祖，为日本佛教发展和中日文化交流作出了重大贡献。

58. 善导的净土宗

净土宗是建立于唐代的宗派，专修往生阿弥陀佛净土法门，故名。此宗奉东晋庐山慧远为初祖，因慧远曾与人结立“白莲社”，发愿往生西方净土，所以，净土宗又名“莲宗”。

实际上其立宗的端绪应上溯到北魏时期的昙鸾（477~543 年）。昙鸾在山西玄中寺提倡净土法门，对弥陀净土教义作了系统的阐述，初步建立起净土宗的理论体系，为后来净土宗的创立奠定了基础。昙鸾认为一心念“南无阿弥陀佛”名号，临终即可往生净土。唐代道绰（562~645 年），在玄中寺看见记载昙鸾事迹的碑文而受到启发，专心修习净土法门，每日口诵“南无阿弥陀佛”，大力提倡凭借阿弥陀佛往生西方极乐世界的净土法门是唯一的出离之路。

净土宗的真正创始者是道绰的弟子善导。善导（613~681 年），临淄人，唐太宗贞观中，随道绰学净土，后入长安光明寺，传净土法门，他组成了完备的净土宗的宗仪和行仪，正式创立净土宗。高宗听人们说，善导生前念佛能“出口佛光”，于是下敕把善导生前在终南山所住的寺院改名为光明寺。善导著有《观无量寿佛经疏》4 卷，一般称为《观经四帖疏》，《法事赞》2 卷，《观念佛法门》1 卷等。

▲善导大师像

在这些著作中，善导系统地阐述了净土的教相教义及其礼仪规则，建立了较为完备的净土思想体系。

净土宗的典据是三经一论，即《无量寿经》、《观无量寿经》、《阿弥陀经》和世亲《往生论》。其中《阿弥陀经》以其文字简短、容易背诵而被广泛流传，净土宗就是随着这部经的传播而日益扩大其影响的。净土宗以阿弥陀佛所在的西方极乐世界为佛教修持的理想境界。怎样才能进入如此美好的世界呢？善导认为，要实现这一目标，必须以修行者的念佛行业为内因，以阿弥陀佛的愿力为外缘，内外配合，即可往生极乐世界。善导还认为，要实现往生净土的宗教理想，必须有虔诚的信仰。在修行方法上，善导特别提倡称名念佛。净土宗的实践修行法门主要是念佛。念佛的方法主要有四种：一、专诵阿弥陀佛的名号，称为持名念佛，或口称念佛；二、观念佛的塑像与画像，称为观像念佛；三、观像佛的美妙相貌，称为观想念佛；四、在禅定状态下谛观佛的法身，即体悟诸法实相，称为实相念佛。其中，由昙鸾、道绰倡导的持名念佛，由于善导的大力提倡，以其简便实用的特点，而备受广大信徒的喜爱，成为最广泛最有影响的修行方法。

善导关于佛教修持的理论，最具特色的是对“正行”、

“杂行”的划分。“正行”是指净土经典所从事的一切修行活动。具体又可分为5种：(1) 读诵正行，指专读诵净土宗所依的《无量寿经》、《观无量寿经》和《阿弥陀经》；(2) 观察正行，指专思想、观察、忆念弥陀净土正、依二报的庄严；(3) 礼拜正行，指一心专礼弥陀一佛；(4) 称名正行，指一心专称阿弥陀佛的名号；(5) 赞叹供养正行，指一心专赞叹、供养弥陀一佛。除此之外的一切修行，皆为杂行。善导的净土法门，就是要舍杂行，归正行，要求信徒舍弃别教，皈依净土。

净土宗创立前，隋唐佛教各宗派较多地流行于宫廷和上层知识分子之间。净土宗理论简单，法门简易，更适合在民众中传播，所以在统治阶级的支持下普遍流行起来。而且净土宗认为世俗之中，没有凡圣，都是凡夫。这就是善导所谓的“九品皆凡”说。这样，所有人在往生净土方面都处于“世俗凡夫”这同一起跑线上，对广大的中下层民众具有很大的吸引力。

善导之后，净土宗一直盛行不衰。唐代有怀感、少康、慧日、承远、法照等继续弘扬。五代末，法眼宗曾倡导禅净兼修。宋初以后，禅宗、天台宗、律宗等多兼弘净土，净土信仰盛极一时。净土宗在日本等地的影响也很大。它与禅宗一起都是至今仍在流传的宗派。民国以后，著名的印光大师主张净土法门为佛陀出世的本怀，致力于社会救济事业，各地僧俗渐次兴起结社念佛的风气。今日台湾佛教，不论禅寺、律寺，乃至显教、密教，都普遍藉念佛法门来引导信徒修持。这是由于称名念佛简单易行，因此能普及于一般社会大众，形成近代以来中国佛教的一大主流。以念佛法门为中心的念佛会、莲社、居士林等，相继成立，呈现了佛教各宗并容，多彩多姿的面貌。

59. “开元三大士”的密宗

密宗，又称密教、瑜伽密教、真言宗等，是指唐玄宗时期由“开元三大士”——善无畏、金刚智和不空等开创并传播的中国佛教宗派。

密宗因为自称受法身佛大日如来深奥秘密教旨的传授，为真实言教，而真言奥秘，不经灌顶，不经传授，不得任意传习及显示别人，故名。密宗是用咒语作为修习方法为特征的宗派。密教原是印度 7 世纪以来大乘佛教部分派别与婆罗门教相结合的产物，因当时中印交通发达，很快便传入我国。但在中国佛教史上真正发挥作用，并形成一个宗派的，乃是把密教正式引进朝廷殿堂的“开元三大士”。

唐玄宗开元四年（716 年），中天竺人善无畏带来传承印度密教胎藏界密法的《大日经》，与弟子一行译出；开元八年（720 年），金刚智及其弟子不空传入《金刚顶经》，由不空译出，开始传习印度密教金刚界密法。后来，传习这两种密法的善无畏、金刚智经过彼此互相传授，融合充实，在中国创立了密宗。

善无畏是真言密教的代表，他所传的真言密教，事理兼备，三密并用，有属于自己的较为完整的教义体系和密法体系，从而使密宗发展成为独立的佛教宗派。所谓的胎藏密法，又称胎藏界；认为众生本具菩提净心，含藏着成佛的种子，犹如胚胎精卵体、莲花种子，早就具有长成人体、莲花的因素。因此，所谓胎藏界密法就是指众生开发自己的菩提净心、渐趋佛果的方法，是自心自证、自心自觉的途径和条件。

▲ 善无畏大师

金刚智学兼空有，而以瑜伽唯识见长。他所弘传的主要是金刚界密法，所译经典以瑜伽为主。《金刚顶瑜伽中略出念诵法》4 卷是他所传译的经典，主要内容是金刚界大曼荼罗和五相成身观，所传密法就是金刚界密法。所谓金刚界，指在瑜伽中以金刚智成就如来法身。

“开元三大士”中，活动能力最强、影响地域最广的是不空。不空，梵名阿月佉跋折罗，意译不空金刚，“不空”为略称。法名智藏，所以又称不空智。原籍北天竺，幼失双亲，其后随叔父观光东国，于阇婆国（今印尼爪哇）师事金刚智。金刚智开始以梵本《悉昙章》及《声明论》来启导，不到十天，不空就把两部通彻读完了，老师已看到不空和一般人不同，就给他授了菩萨戒。不久，不空随师父到大唐。不空 20 岁时，在洛阳广福寺受具足戒，常随师金刚智共同译经。唐代宗时，他

▲ 金刚智大师

以大兴善寺为中心，传法译经，建造寺院，广开道场，度僧授戒，壮大了密宗的势力，提高了密宗的地位，使密宗的影响达到了前所未有的程度。从唐玄宗天宝五年至代宗九年，共译出佛典100余部，其中《金刚顶一切如来真实摄大乘现证大教王经》（即《金刚顶经》）是密教立宗所依据的主要经典，对密宗的建立有重要影响。晚年，不空在五台山让弟子建造5处寺院，又在太原置文殊院，这些寺院成为密教盛传之地，并不断深入社会基层，经不空的弘传，密教遂为唐代佛教六大宗派之一。

在密宗的创始人物中，除了“开元三大士”外，还有中国僧人一行和慧果。一行是我国历史上一位卓越的天文、历法学家，不仅协助善无畏翻译《大日经》，而且还撰有《大日经疏》20卷，成为中国密宗的重要著述。慧果19岁从不空受灌顶，是继不空之后，大弘密宗的大师。

总的说来，密宗是佛梵合一的产物。从世界观来说，密宗又是佛教的杂家。它认为世界万物、佛和众生都由地、水、火、风、空（空隙）、识（意识）“六大”所造。前五大为“色法”，属胎藏界，是本来具有的觉悟，但隐藏在烦恼中而不显。识为“心法”，属金刚界，与胎藏界不同，任何法都不能破坏它，而它却摧毁一切烦恼，故名。众生修持密法如能达到身、口、意三密相应，就能使自己身、口、意“三业”清净，而与佛的身、口、意相应，就可以即身成佛了。总而言之，密宗的仪规极其复杂，需要导师秘密传授，具有浓厚的神秘色彩，而为当时的唐王朝统治者所特别爱好，一时形成了王公贵族纷纷信奉密宗的风尚。在中唐以后，密宗便开始衰落了。这是指汉地而言，至于在西藏地区的密教却极为盛行，发展成了喇嘛教。

▲ 不空大师

60. 佛教传入西藏

佛教初传西藏是在公元 7 世纪中叶，此时正值松赞干布（约 617~650 年）时代。松赞干布统一了青藏高原诸部，以拉萨为中心，建立了强大的吐蕃王朝，加强了同周边国家和地区的联系与合作，并注意学习和吸取其他民族的文明。松赞干布同尼泊尔联姻，传说从尼泊尔去的赤尊公主带去了弥勒菩萨像等。641 年与唐联姻，文成公主入藏，带去了佛像以及工匠。为供奉这些佛像，赤尊公主建立了大昭寺，文成公主建立了小昭寺，松赞干布也在拉萨建造了四边寺等十二寺。佛典的翻译工作也在这一时期开始进行。

但是，此时佛教受到了西藏传统宗教——苯教的强烈抵制。松赞干布死后，信仰苯教的贵族极力压制佛教。赤德祖赞继任后，娶大唐金城公主入藏，才继续采取提倡佛教的政策。赤德祖赞去世后，赤松德赞年幼，贵族们趁机发动了藏族历史上的第一次禁佛运动，僧人被驱，寺院遭毁。赤松德赞成年后，废除了禁佛令，并派使者去印度学习佛典和梵语，并请印度僧人静命（寂护）和莲花生大师入藏宣扬教理。静命是印度瑜伽中观学派的创始人，他的学说较为烦琐，对于寺院佛学尚未起步的吐蕃来说，不易接受。后来传说他向赤松德赞建议迎请莲花生。莲花生是邬仗国密教的大师，莲花生入藏为藏传佛教的建立起了至关重要的作用。他成功地利用密教战胜了苯教，从此，许多印度的密咒大师接踵而来，由“开元三大士”所创的密宗在唐王朝两京和西域的军民中传播，其崇奉到达高潮，这也对吐蕃产生了重大影响。从这时起，开始有西藏人出家受戒和建立僧伽制度，又广译经论，致使佛教在西藏初具规模。同时，在赤松德赞的支持下于766年建立起了西藏第一座正规寺院——桑耶寺。至此，佛教基本压倒苯教而占据了统治地位。其时也有汉地禅宗传入西藏，但是，由于禅宗那种放浪形骸、任运自如的风格在西藏没有足以发展的土壤，所以没有发展起来。

▲文成公主带入西藏的释迦牟尼像

赤松德赞去世后，牟尼赞普和赤德松赞先后继位，佛教持续发展。在藏族历史中，赤祖赞德与松赞干布、赤松德赞一起，被称为“三大法王”，他们都对佛教在西藏的传播作了积极的推动作用。至赤祖德赞（815~836年在位），王室兴佛达到顶点。僧人参加吐蕃政治，大小朝政都由佛教上层人物决定。行政制度也以佛教经律为准则。还规定了7户百姓供养一个僧人的政策，对侮慢“佛、法、僧”三宝的人处以重刑。后由于赤祖德赞极度崇佛引起苯教势力的不满，836年苯教贵族发动政变，拥立达磨上台，达磨

▲ 莲花生大师

莲花生是西藏密宗“宁玛派”(即俗称“红教”)的开山祖师。“莲花生”,其本名叫“白马穹乃”,又称为“乌金大师”,是8世纪时的印度乌仗那(今巴基斯坦境内)地方的人,后出家为僧,他学的是印度佛教密宗“因陀罗部底派”的传承;是当时佛教有名的密宗大师和降魔能手,以“神通”、“咒术”名闻一时。

在位时期大事灭佛，这是吐蕃历史上的第二次禁佛运动。一时间寺院被封闭，佛经被毁烧，僧人被杀或流放还俗，这次禁佛运动持续时间不长，但对佛教的打击却非常大，导致其在此后的百年左右，没有起色。尤其是显宗（密教称其他佛教派别的教义为应身佛释迦牟尼公开宣说“显”之教，故称）受到了沉重打击，密宗由于采取秘密单传的方式而流传了下来。西藏佛教史籍称之为“灭法期”，或“黑暗期”。总的说来，从松赞干布时佛教初传到达磨时期的“达磨灭佛”，是西藏佛教史上的前弘期。

10世纪后期，佛教在藏区复兴，这被称为西藏佛教后弘期。此后，许多显密兼通的印度高僧到西藏传法译经，印度密教无上瑜伽部的经典被大量译为藏文。同时，也有大量的西藏僧人到印度、尼泊尔学习，返藏后也从事经典翻译工作。由于传承的不同以及得到不同的封建领主的支持，后弘期的藏传佛教形成了许多派别。其中最早形成的是宁玛派，其次是噶举派、萨迦派、格鲁派等，形成较晚、影响也最为深远的是格鲁派。

格鲁派中的“格鲁”一词汉语意译为善规，指该派倡导僧人应严守戒律。又因该派认为其教理源于噶当派，故称新噶当派。格鲁派既具有鲜明的特点，又有严密的管理制度，因而后来很快居上，成为藏传佛教的重要派别之一。该派奉宗喀巴大师（1357~1419年）为祖师。宗喀巴于1402年和1406年分别写成《菩提道次第广论》和《密宗道次第广论》，为创立格鲁派奠定了理论基础。1409年正月，宗喀巴在拉萨大昭寺首次举行祈愿大法会，同年又在拉萨东北兴建甘丹寺，并自任住持，这是格鲁派正式形成的标志。后来，该派势力逐步扩大，修建了以哲蚌寺、色拉寺、扎什伦布等寺为代表的寺院。活佛转世制度的采用是格鲁派走向兴盛的转折点。

清代格鲁派形成达赖、班禅、章嘉活佛（内蒙古）、哲布尊丹巴（外蒙古）四大活佛转世系统。清代以来，格鲁派寺院有了很大发展，除拉萨三大寺外，西藏的甘丹寺、昌都寺，青海的塔尔寺、隆务寺、佑宁寺，甘肃的拉卜楞寺、卓尼寺，四川的格尔底寺、甘孜寺，云南中甸的格丹松赞林寺，北京的雍和宫等也都是格鲁派的著名大寺院。格鲁派寺院组织严密。较大的寺院一般分寺院、扎仓、康村三级，而且各有管理组织，执事人员实行任期制，各司其责，重要事务则会商决定。学经制度健全，有系统的佛教教育体系和学位制度，规定显密并重，先显后密，注重戒、定、慧三学并习的学经程序。同时格鲁派寺院还重视文法、修辞、工巧、医药、历算等学科，对藏族思想文化的发展起过重要的作用。

▲ 甘肃拉卜楞寺，与西藏的哲蚌寺、色拉寺、甘丹寺、扎什伦布寺，青海的塔尔寺合称为我国喇嘛教格鲁派（黄教）六大寺院，其规模仅次于布达拉宫。拉卜楞为藏语“拉章”的转音，意为佛宫所在之地。

总之，格鲁派兼具西藏各派教义之长，具有系统化和规范化的特点。格鲁派的佛学特点反映了15世纪以后藏传佛教的发展趋势。

在“后弘期”的发展过程中，藏传佛教既吸收了苯教的东西，也吸取了晚期印度佛教的不少内容。因此，西藏佛教便具有独特的地方色彩，与其他地区如日本、泰国所流传的佛教有所不同，如活佛转世制度以及跳神之类的宗教活动仪式等。

61. 五代十国佛教

五代十国佛教是907至959年间的佛教历史。这个时代虽然历时很短，但是对中国历史的发展影响却是相当深远。历代以来，政权对佛教的态度直接决定了佛教发展的基本态势，所以在这样一个分裂和割据的局面中，佛教自然受到了许多影响。

从907年后梁政权建立，揭开了五代十国的序幕，在中原北方地区，经历了后梁、后唐、后晋、后汉、后周五个朝代，而在江淮以南的南方地区先后有前蜀、吴、吴越、闽、南汉、南平、楚、后蜀、南唐等割据政权，加上北方在后周时成立的北汉，统称为“十国”。在这个时期，南北方割据，南北发展并不平衡。相对来说，北方战事连连，经济及社会秩序遭到很大破坏，加之政策对佛教的限制，所以佛教在北方受到重大挫折。南方诸国相对平安，经济和文化都有发展，帝王对佛教多有信仰，佛教得到了持续发展。

北方五代从后梁到后汉，各代统治者对佛教的态度大体上是一致的，基本上都沿袭了唐代的旧规，例行斋僧、赐号、度僧等事，只是由于北方战事的缘故，从急需兵源和财力上说，为了禁止更多的丁壮和人口流入僧侣阶层，

▲后周世宗柴荣

诸朝又都对佛教采取赏赐名僧和度僧人数的限制政策。后周世宗显德二年（955 年）还对佛教严加整顿，实行淘汰，佛寺半数以上被废弃，铜制佛像全部没收，用以铸钱以充国库。这是佛教史上所谓的“三武一宗”4 次灭佛法难的“一宗”。这次与前几次灭佛有很大区别，准确地说，周世宗是整顿佛教，而不是毁灭佛教，它使得原本紊乱的佛教次序有一定改观，只是北方佛教原来就难以维持，这样一来就更见衰落了。

在南方，各国割据的局面，如吴越、南汉、闽国等，历时都比较长久，又大体相安，互不侵犯，各国境内还实施些有利民生的改良政策，使经济有所发展而社会日趋稳定。各国帝王对宗教又有较浓厚的信仰，对建寺、造塔、造像、写经以及度僧等多有支持。

各国中以吴越最具代表性，后梁太祖开平元年 (907 年)，钱镠被封为吴越王，此后历五世七十二年，吴越境内未受战乱之扰；至宋太宗太平兴国三年 (978 年)，钱镠归顺北宋，才结束吴越国的历史。钱镠和他的继承人，都没有过分加重人民的徭役、赋税负担，也没有发动频繁的战争，使这一地区的经济得到较大的发展。吴越国在佛教史上有其特殊地位，吴越诸王以杭州为中心，在原有基础上，大力推广佛教，从而使一向以长安、洛阳为中心的佛教转向以杭州等地为中心而传播，给宋代佛教的展开奠定了基础，实现佛教由北往南转移的过程。吴越武肃王深信佛教，对僧人礼遇有加，广建寺塔，网罗各地高僧来到杭州，给予“国师”称号。忠懿王更是仿照传说中阿育王的做法，铸造了84000个小铜塔，中间藏有《宝箧印陀罗尼经》，分发到各地。

南方闽以福州为国都，历七主四十九年。闽国鼓励垦荒耕种，发展商业和海上交通；又建立学校，促进文化繁荣。闽国诸王也大多奉佛，曾经建造过寺塔二百有余，度僧二万。南唐建都金陵，南唐君臣之好佛，早已为世所讥，其中又以后主李煜为最。李煜长于填词，他的“春花秋月何时了？往事知多少？小楼昨夜又东风，故国不堪回首月明中；雕栏玉砌应犹在，只是朱颜改。问君能有几多愁，恰似一江春水向东流。”的诗句老幼皆知，广为传诵。但他却荒于政事，又崇信佛教，造塔建寺。宫中造寺十余，城内建塔寺非常多。且广出金钱募民为僧，有道士为僧者予以赏金。所以，当时南方佛教始终在发展。

到了五代时期，唐代各个宗派中的禅宗和天台宗的根据地在南方，条件优越，得到更大发展。禅宗在闽地受到了闽王优待，使得福州成为了禅宗的重要基地。而天台宗在吴越则多有发展。

62. 永明延寿

延寿（904~975年），字冲元，俗姓王，是一个跨越五代和宋的禅宗僧人。他提出了对以后中国佛教影响很大的“禅教一致”思想。

延寿是钱塘（今浙江杭州）人。相传，延寿七岁时诵读《法华经》，读到得意处，竟使得群羊跪听。28岁那年，延寿任华亭镇将，负责督办军需。延寿虽然做了官，但信佛的本性不变，一有钱就去集市买鱼虾龟虫等动物，然后放生。时间一长，渐渐入不敷出。然而只要一看到那些可爱的小动物，延寿就会顿生慈悲之心，于是就动用库钱，继续放生。延寿动用库钱的事终于让上司察觉了，犯下了死罪。当延寿被押赴刑场行刑时，面对冷飕飕的屠刀，他竟然面不改色，怡然自得。典刑官问他为什么死到临头毫无畏惧之感。延寿说：“动用库钱是为了放生，并不是个人享乐，于心无愧，死后可往生净土，所以毫无畏惧之感。”这番“遗言”竟然感动了吴越王钱元，他下令释放延寿。当时法眼宗文益的弟子德韶正弘化一方，延寿慕名而投其门下，因此行脚去了天台山。他曾在天柱山上独自一人禅定了90多天，连小鸟在他衣服中筑巢都没有发觉。出定之后，延寿去参拜天台德韶。天台德韶对延寿非常器重，于是密授玄旨，并鼓励他说：“你将来一定会有大兴佛事之日。”后来，吴越忠懿王见灵隐寺颓废倒塌，于是请延寿到杭州主持灵隐寺的重建。延寿大兴土木，重建殿宇，前后共计1300多间。灵隐寺再次成为远近闻名的大寺院。第二年延寿住持永明寺（今杭州净慈寺），世称“永明延寿”。听他说法的僧众达2000人之多，香火盛极一时。

▲ 永明延寿

延寿在佛学思想上除了继承禅宗的传统外，还注意到了禅宗在当时出现的种种弊端，提出了用“教”来纠正“宗”之偏，主张“禅教一致”。延寿以“心”为宗，试图调和禅教两家。

晚唐五代，禅宗一花五叶盛开，成为中国佛教的主流和中国化佛教的代表。禅宗自达摩西来，其理论依大乘如来藏学，确信众生皆有佛性，唯被无明妄念遮蔽，迷而不现，通过修直观自心的如来清净禅或一行三昧，顿悟自心佛性，此即所谓禅宗之禅。宗是禅，是佛心；教是理，是佛语。自古以来，“从禅出教”，禅宗自称教外别传，“以心印心”、“不立文字”。禅宗虽不立文字，却又不离经教，自菩提达摩起，即主张“藉教悟宗”，禅与教必须相应，如不相应，就有问题，就是魔说而非佛法。到延寿时代，禅宗僧人轻视佛祖教说，参禅流于空疏的倾向，宗门弊端当更为严重。为此，永明延寿撰写了《宗镜录》，该书共80万字，分为3章。因其宗旨是“举一心为宗，照万法如镜”，故名《宗镜录》。除了《宗镜录》外，延寿的著作还有《万善同归集》3卷，《唯心诀》1卷，《神栖安养赋》1卷，《定慧相资歌》1卷，《警世》1卷。

延寿将大乘语录、祖师语录、圣贤集等编纂在一起，形成了融合禅教的《宗镜录》100卷，其中涉及了天台、贤首、唯识等的教义，引《华严经》及《华严宗》的理论最多。这是因为禅宗和华严宗在认识中有许多相似之处。另一方面，这也是法眼宗的传统。法眼宗的创始人清凉文益就十分重视华严的圆融思想。作为法眼宗的传人，延寿也受到了影响，有时候甚至直言教就是华严。但是，延寿作为禅宗的信徒，融合禅教，并非要以教摄禅，而是要以禅摄教，以禅为中心、目的，教乃是手段、方法。《宗镜录》写成后，很快就流传到高丽。高丽国王读了之后深受启发，便派使者来拜见永明延寿，叙弟子礼。法眼宗因此而流传海外。永明延寿学识渊博，著作很有文采，因此从他受业的弟子很多。他住持永明寺15年，度弟子1700人。法眼宗在宋初盛极一时，与永明延寿的大力弘扬有密切的关系。永明延寿以后，弟子辈中能够重振旗鼓、不负重望的几乎找不到人，因此法脉衰微，以至断绝。

除了倡导禅教一致外，延寿还主张禅净合一和禅净双修，他的著作《万善同归集》对此作了全面论述。所谓禅净双修，是指禅宗有意识地吸收净土宗的信仰和实践，禅宗僧人的身份没有改变，但日常修行的重心转移到念佛上来了。延寿认为，念佛修净和禅僧的修行并不矛盾。在实践上，他身体力行，坚持每日念佛，从未废弃。据说永明延寿住在杭州南屏山顶，每天念佛数万声，山下听见他念佛的声音，就好像天乐鸣空。这种修行对当时影响很大，风靡一时。因为他弘扬净土宗，后来净土宗人甚至将其列为净土宗祖师。

延寿致力于禅教合一、禅净双修的做法，对后世产生了重大影响。从佛教上的发展趋势来说，延寿的思想不仅代表了佛教发展的一个轨迹；同时，对宋代相对活跃的修禅方法的形成以及禅净成为天下共宗都起到了重大作用。

63. 两宋佛教

南、北两宋历时共 320 年。宋代是我国文化史上的一个重要时期。两宋佛教的特点，就其佛教内部来说，是“诸宗开始融合”，即各宗相互融合相互吸收；就其对外而言是“三教合一”，即以儒学为主，吸收佛道二教思想。

宋太祖赵匡胤即位后，一反前代后周的政策，采取保护佛教的措施。他曾经派遣沙门行勤等 157 人去印度求法，放宽度僧名额。并效仿唐太宗李世民弘佛的胜举，设立了译经院，迎请印僧法天、天息灾、施护等组成译经队伍，恢复了从唐代以来中断的佛经翻译，此次译经活动前后持续约百年左右的时间，译出佛典 284 部，758 卷，其中绝大多数是密教经典。

宋真宗时期，僧尼数量达到近 40 万，是宋朝佛教最发达的时期。当时寺院得以举行长生库和商店等牟利事业，寺院经济又有所发展。但到后来因为与政府财政收入形成越来越大的矛盾，导致北宋后期的宋徽宗强令佛教与道教合流，改寺院为道观，并使佛号、僧尼号都道教化。但是，由于不久后宋徽宗被俘，对佛教影响不是很大。宋朝通过经济手段来控制佛教是这一时期佛教和政治的关系的特色。度牒是僧人合法身份的证明。在北宋初期，只是象征性地

▲赵匡胤

收很少的费用。后来，逐渐变成充实财政的经常性手段，引起僧人的不满。

北宋灭亡后，宋高宗在临安（杭州）建立了南宋政权。南宋时期，王朝对佛教采取了利用和限制的政策，使佛教得以维持。但也由于停止了额外的度僧，并向僧道征收“免丁钱”（清闲钱），使僧尼人数有所减少。不过，由于江南地区的佛教基础较为雄厚，故能一直保持发展盛况。另外，为了使政权巩固，南宋又推行佛教，以求护佑。南宋孝宗皇帝曾请法师入宫行“护国金光明三昧”，并建立护国金光明道场。当时的僧人也提出“保国护圣，国清万年”的口号。南宋时期，峨嵋山、五台山、普陀山、九华山都在政府的直接管理之下，受到民众的信奉，对当时佛教的发展有一定影响。

宋代的禅宗和净土宗较为流行，天台宗也有一定发展。华严宗也曾一度中兴。禅宗在当时的发展，以编纂“灯录”和“语录”为主要事业，发展出了“话头禅”、“默照禅”、

“文字禅”等参禅主张，还出现了后人不易理解的新禅法形式，如公案、机锋等。净土宗的发展，主要是在民间推广净土信仰，成为风俗，特别是一些在家居士也随之发展，于是净土法门逐渐形成一个固定宗派。

世俗化是中国佛教的总趋向，流传到宋代，则增添了许多新的特点。宋代的三教合一真正进入了实践中，云门宗僧人契嵩和天台宗僧人智圆是倡导儒释一致的代表人物。智圆提出三教合一说，他认为儒、释、道三教各有价值，不可偏废。智圆提倡儒重饰身，佛重修心，内佛外儒，共同治理民众，强调儒释一致。自此，三教合一的思潮，在中华流行起来。具体来说，它表现为将一些儒家的经典思想引入佛教思想，例如用儒家的心性论改造佛教的心性论。在提高僧人的修养方面，将儒家的伦理道德规范成为对僧人的基本要求。在对待政权上，由于宋代的内忧外患，佛教徒开始从最初的救度众生，转向忠君爱国，并开始依附儒家。

北宋初年，王朝制定了以儒治国的方针。宋时儒学大盛，排佛成为新儒学的重要课题。一些佛教徒开始意识到以避世为主的消极思潮不是主流，而应该力主到世间来，改变现世状况。前面所说的永明延寿即是如此。宋代佛教引进“天下国家”和“忠君忧时”的思想，在中国佛教发展史上具有里程碑的意义。由此彻底结束了沙门与王者抗礼的时代，僧尼必须绝对地臣服于君主的权威。

64. 辽金元佛教

宋代是在统一五代十国的基础上建立起来的，但国势始终孱弱，与其对峙的辽金则是统治了中国北部地区约 330 年。佛教也在其中流行了起来。

辽代佛教是指 916 年到 1125 年期间北方地区的契丹族耶律王朝的佛教。契丹信仰佛教始于辽太祖耶律阿保机。辽宫廷贵族经常入寺进行佛教活动，佛教在契丹民族内逐渐流行起来。辽代帝王采取的是佛教保护政策，在圣宗、兴宗、道宗三朝佛教鼎盛，刻经、建塔、开凿石窟，风行一时，如著名的北京房山云居寺的石经就是在那时续刻的。辽代以五台山为中心的华严宗最为发达。在民间，辽代盛行“千人邑社”的团体，这是佛教信徒结成的一种大规模的团体组织，主要协助寺庙举办各种佛教活动。许多民俗也渗入了佛教色彩。辽代佛教信仰的盛行以及国家对僧人出家没有明确的限制，造成僧人数量的迅速膨胀。由于辽代信仰的风行，保留下来的建筑比较多，辽宁义县的奉国寺、山西大同的华严寺，还有应县佛宫寺的木塔很出名，尤其是木塔，是现存木塔中年代最久远的。

金代佛教是从 1115 年女真部完颜阿骨打建金到 1235 年被灭之间的佛教发展史。女真族本以萨满教为本民族信

▲ 元代金刚萨埵菩萨，杭州飞来峰造像

仰，但在金建国以后，便受到邻国高丽等国佛教的影响，有了佛教的信仰。灭辽入中原以后，辽及宋地流行的佛教文化对女真人产生了重要影响，佛教信仰逐渐在金地普及。

金朝统治者对佛教的基本态度也是支持，所以佛教相当发达，最为流行的是禅宗。与辽相比，金朝对佛教的管理较为严格，严禁民间私建寺庙，也严禁私度。章宗以后，朝廷为了筹措军费，滥发空名度牒（度牒是政府发给出家者的证明书），出家者要交纳钱财。这就使得佛教滥杂腐化，日趋衰退。金代文化中的一件大事是刻印《大藏经》，此经是迄今为止保存较为完整的古代藏经，有较高的史料价值。

元代是我国历史上一个统一的王朝，元代佛教大致涵盖 1206 年到 1368 年蒙古族管辖区域内的佛教史。元代的佛教兴起以喇嘛教为主，喇嘛教是藏传佛教的俗称。从成吉思汗起，蒙古统治者就试图把喇嘛教作为联系西藏上层的重要纽带。西藏归顺蒙古后，忽必烈奉西藏地区的名僧八思巴为帝师，规定每个帝王必须先就帝师受戒然后才能登基。由于王朝对佛教的支持，推动了喇嘛教在藏、蒙和北方汉民间的传播。喇嘛教享有国教的地位。喇嘛僧不仅负责管理全国佛教，还享有一些政治经济特权。元代的寺院经济畸形发展，既拥有大量的土地，又经营工商业，当时各地的当铺、酒店、渔场、旅馆及商店等，相当一部分是由寺院经营的。喇嘛教在元代后来逐渐腐败，给元朝的社会经济带来了严重后果。

元代在喇嘛教流行的同时，禅宗等宗派也有相当发展。元代诸帝对喇嘛教之外的宗派并不排斥，元世祖忽必烈曾经下令对所有寺院免收田产赋税，佛事活动由国库支持。元代佛教是继宋以来一次较大的发展。当时的僧尼总人数超过了百万。禅宗在当时仍是汉地佛教的主流，北方有万松行秀、雪庭福裕一系的曹洞宗和海云印简一系的临济宗；南方有云峰妙高、雪岩祖钦、高峰原妙、中峰明本、元叟行端等所传的临济宗。总的来说，曹洞流行于北方，临济盛行于南方。行秀是当时的名师，曾被追赠晋国公。

▲八思巴像　西藏江孜白居寺措钦大殿藏品

八思巴(1235~1280年)藏传佛教萨迦派的第五代祖师，萨迦法王。蒙古元年(1253年)忽必烈尊之为国师，赐玉印。有著述30余种，以《萨迦五祖集》传世。

禅宗之外的华严、天台、慈恩、律宗等仍有传人。在这些传统宗派外，元代江南地区还流行白莲教和白云宗等教团。白莲教是在宋代结社念佛、净土信仰广泛发展的情况下产生的。它在初创时期是佛教的一个世俗化教派，但在后来则演化为民间秘密社团。白莲教是南宋初沙门茅子元所创，该派主张吃斋念佛，男女僧俗共同修持，允许有妻室，因主张断肉吃菜，就是如今的素食主义，教徒被称为“白莲菜人”。白莲教的迅速发展都曾因引起统治者的不安，而被宋元两代下诏禁止过。白云宗原为华严宗的一支，由北宋时杭州白云庵的沙门孔清觉创立，基本主张和白莲教大同小异。白莲教在元末农民起义时曾被加以利用，明清两代后，两派都被严禁。

65. 明代四大高僧

明代四大高僧分别是万历年间的云栖袾宏、紫柏真可、憨山德清、蕅益智旭。他们是明代佛教宗匠的代表，是明代佛教的一个亮点。

明代佛教的发展要从明太祖朱元璋说起，他出身僧侣，鉴于农民利用宗教秘密起义的历史事实，特地对佛教进行了整顿。朱元璋对元代流传下来的喇嘛教，一方面废除喇嘛僧在内地的特权，另一方面又不断地赏赐喇嘛名僧。以后明代历代帝王对佛教的政策都大致如此。在家居士研究佛教的风气日渐流行，很多名士都有自己的佛学著作，对佛教复兴产生了一定影响。由于三教合一和佛教在民间的传播需要，产生了“善书”和“宝卷”的刊印流行，主要用来普及佛教，但也糅合了三教之说。总体上看，佛教内部仍旧是禅宗和净土宗最为流行，其思想理论上却较少创新。从四大高僧身上可以看到当时佛教发展的一些特点。

云栖袾宏（1535~1615 年），别号莲池，杭州人，他是净土宗第八代祖师。袾宏和当时的很多僧人一样，早年都是学习儒学。未出家前，他常听到左邻右舍在念佛，当时就有强烈的出世之心，他写了 4 个大字——“生死事大”，放在书桌上用来警策自己。后来遭家庭变故，妻与子均病

▲ 紫栢真可

亡，所以出家为僧。出家后他四处游方，参学访道。他曾在浙江五云山结庵而居，题名“云栖”。他住持云栖寺40余年，同门因而尊称他为“云栖大师”。

在思想上，袾宏以净土为主，又主张禅、净、教的合一。他认为，参禅不能离开经教，不同意禅僧对经典的排斥。他又认为，念佛可以总括禅教，净土法门才是求得解脱的最好方式。袾宏对儒佛关系的态度是认为儒家能帮助佛法的弘化，三教合一是合理的。他对当时传入的天主教甚至还作过一番批评。袾宏的著作由其弟子汇集成《云栖法会》一书。袾宏在当时名声极大，名公巨卿，朝廷权贵倾心与他结交的极多，以至有人把他比作“法门周孔”。

紫柏真可（1543~1603年），字达观，俗姓沈，苏州吴江人。17岁出家，20岁受具足戒。真可为人较为豪放，对国事、民生给予了极大关注和热情。他与明末另一高僧德清关系甚好，曾与德清共议续修明代传灯录，又一起筹划建房山云居寺静琬塔院。万历三十一年（1603年）发生了明史上的“妖书”事件，真可被人诬告而下狱致死。他的著作有《紫柏尊者全集》30卷和《紫柏尊者别集》4卷，附录1卷，收录了他所写的经释、序跋、书信等。真可一生并没有专一的师承，思想上主张全面调和佛教与教外思想、佛教内部各宗派之间的关系。这反映了当时明代佛教发展的一个总趋势。真可反对禅僧盲目排斥语言文字的做法，认为参禅离开文字是不可行的。

憨山德清（1546~1623 年），字澄印，俗姓蔡，安徽全椒人。大师幼结佛缘，年少时即受父母影响而信仰佛教，19 岁削发为僧，26 岁开始游历各地，31 岁时候遇袾宏，二人相交甚好。万历十一年（1583 年），赴青岛崂山安居，并将皇太后的赏赐，用于赈灾和建庙。万历二十三年（1595 年），神宗不满皇太后为佛事耗费巨资，迁怒于德清，将其逮捕入狱，后万历三十四年（1606 年）获得赦免。后历经千辛万苦重修广东南华寺，影响深远，被誉为中兴祖庭宗师。德清的著作由其弟子整理为《憨山老人梦游全集》。德清的思想受云谷法会禅师影响很深，接受法会三教一致、禅净兼修、宗教不二的思想，认为佛教的百门中，参禅、念佛最为重要。晚年的德清成为净土的忠实信仰者。大师一生致力于佛

▲憨山大师

▲藕益大师

教研究，著作累累，弟子万千。明天启三年（1623年）10月11日，禅师世缘已尽，圆寂于南华寺，享年78岁。大师的肉身法像现供奉于广东南华寺内。

蕅益智旭（1599~1655年），字素华，别号“八不道人”，俗姓钟，江苏吴县人。少年习儒，还曾著有《辟佛论》，誓灭佛老。后来受到袾宏的影响，改变了对佛教的看法，并开始信仰佛教，于24岁时出家。在经过多家学习之后，选择天台宗为主要学习对象。32岁时开始研究天台教理。33岁秋始入灵峰（浙江孝丰县东南15里），造西湖寺。此后历游江浙闽皖诸省，均不断从事阅藏、讲述和著作。50岁冬，自金陵归灵峰，仍继续著述。清顺治十二年（1655年）正月示寂。两年后，门弟子将其遗体火化，起塔于灵峰大殿右。智旭在思想上继承了前三高僧的思想，调和禅教，又以净土为归依。智旭是由儒入佛，对禅佛的结合有诸多看法，还曾用佛教的观点解释过《四书》。智旭著作较多，有《释论》和《宗论》两部分。

总的说来，四大高僧面对明代佛教宗门混乱的局面是立誓寻找良方，又多在禅净二宗上寻求突破；同时，又对儒、释、道三教合一作出推动。融合教内宗派思想、消解佛教与教外儒道的差别，是四大高僧共同的思想倾向。

66. 清代佛教

清代佛教是从清顺治元年（1644 年）至宣统三年（1911 年）共 268 年间的佛教。清代为满州贵族爱新觉罗氏建立，满族原来信仰萨满教，对天神地祗的崇拜十分流行，与汉民族对天帝和土地的传统信仰极为相似。及至统一全国，接受汉族文化，吸收明王朝的政治制度，进一步加强了君主专制主义，在文化领域实行空前严格的思想统治，对汉地佛教继续采取既利用又从严的政策，喇嘛教则主要用作联系蒙藏上层、巩固中央统治的手段。

清代在佛教政策上仿照明朝，建立僧官制度，在京设立僧录司，所有僧官都经礼部考选，吏部委任。各州府县僧官，则由各省布政司遴选，报送礼部受职。所有僧官名称都和明代一样。当时，有管理佛教的衙门，也有相应的律例来规定僧尼的行为。同时对出家、建寺等都有严格规定，不允许私度僧尼和拆毁或建造寺庙佛像。对于僧道，一律官给度牒，自乾隆十九年起（1754 年）才通令取消官给度牒制度。到清末时，全国僧尼约有 80 万人。清代的译经也有一定特色，主要是国内各族文字的互译。

清代佛教首先要讲到藏传佛教。清在入关之前与西藏喇嘛教有所联系。清顺治帝九年（1625 年），西藏的达赖五

▲ 雍和宫全景图

雍和宫位于北京市区东北角，清康熙三十三年(1694 年)，康熙帝在此建造府邸，赐予四子雍亲王，称雍亲王府。雍正三年(1725 年)，改王府为行宫，称雍和宫。雍正十三年，雍正驾崩，曾于此停放灵柩，因此，雍和宫主要殿堂原绿色琉璃瓦改为黄色琉璃瓦。又因乾隆皇帝诞生于此，雍和宫出了两位皇帝，成了“龙潜福地”，所以殿宇为黄瓦红墙，与紫禁城皇宫一样规格。乾隆九年(1744 年)，雍和宫改为喇嘛庙。

世应邀入京，受到清政府的礼遇，清政府还专门为他修建了西黄寺，作为他在北京的住所。五世达赖离京后顺治帝还赠与了大量的礼品和金银。1653 年，顺治帝册封他为“西天大善自在佛所领天下释教普通瓦赤喇怛喇达赖喇嘛”，意即其统领藏蒙地区的佛教。通过册封达赖，清政府加强了对西藏的控制，也使得蒙古各族归顺清政府。康熙年间清政府又拉拢西藏班禅系统，下诏册封第五世班禅喇嘛罗桑益西为班禅额尔德尼。雍正时设驻藏大臣，管理西藏政务。乾隆年间组织人力翻译满藏经文，在各族间加强交流，并将雍和宫立为喇嘛教寺院，成为国都喇嘛教的中心。在清皇室的扶持下，喇嘛教在全国有相当大的发展。

其次，汉地佛教处于全面衰退阶段。清代禅宗无论从社会影响上还是理论水平方面都远不及禅宗发展的兴盛时期。实际上，清代禅宗也仅活跃于清初。虽然曾经有过短暂的复兴和名师出现，但是后来门派争论严重，雍正也干预其中，许多宗派分出新的门系，如临济宗分出天童系和盘山系，曹洞宗分出寿昌系和云门系，由此形成清代禅宗的基本格局。清初以后，禅宗的地位渐渐为净土宗所取代。净土宗是清代各宗的共同信仰。清代净土名家辈出，有省庵、行策、瑞安、印光等。省庵是净土宗第七祖，行策则首创“打念佛七”。其他各宗如律宗、华严宗等也有不少传承。但从总体上来看，各个宗派的规模和影响已大不如前，最终归于沉寂。

虽然佛教宗派发展停滞，但在文士之中，佛教义学反而出现异常活跃的现象，居士弘扬佛法成为一大特色。自明代以来，由李贽开始的士人将佛教作为观察世界和批判道学的武器，佛教义理成了官方儒学的异端。后来明末政治腐败，士人背离道学，多向佛教倾斜。及至明亡，抗清复明而又独具见识的士人，有相当一批归于佛教，如八大山人、石涛等均出家为僧。未出家者也借用佛教义学阐述自己的理论，如方以智、黄宗羲等。晚清居士也对佛教做出了积极的贡献。

▲ 清　鎏金达赖五世坐像

▲ 清帝敕封五世班禅"班禅额尔德尼之宝"印

67. 藏传佛教转世制度的发展

藏传佛教作为中国佛教的三大系列之一，在蒙藏地区拥有深厚的群众基础和深远的历史影响。藏传佛教从后弘期开始，即11世纪起进入了鼎盛时期。这一时期藏传佛教的特点是：不仅自成体系的僧团寺庙相继形成，而且各具特点的诸多宗派先后兴起，例如宁玛、噶举、格鲁等，并逐渐影响到蒙古地区。此后，藏传佛教思想逐步渗透到藏族、蒙古族等民族的社会生活、政治生活和精神生活等各个方面，成为藏蒙各族传统文化的重要组成部分。藏传佛教的经典教义、显密二宗的传统方式、灌顶修行等宗教仪规，都以其独具特色的魅力，吸引着众多的佛教信仰者、研究者和爱好者。其中的活佛转世制度，对蒙藏地区的社会影响最大。

转世制度，是藏传佛教所特有的制度。藏传佛教认为活佛是佛、菩萨或圣僧的再生者。所谓活佛转世，是指大喇嘛和活佛生时修行已达到了断除惑业因，证得菩提心体，生死之间，能不昧本性，不随业而自在转生，复接其前生的职位。在西藏历史上，活佛转世开始于噶玛噶举派，大约在13世纪中叶时形成，1283年正式成立。现在广为人知的是达赖喇嘛和班禅额尔德尼两大活佛转世系统，属于黄教，即格鲁派的转世系统。

15世纪初，藏传佛教史上的大师、黄教的创始人宗喀巴对佛教进行了改革，使得黄教与各个地方封建势力广泛建立了联系，所以在整个西藏上层的支持下，黄教迅速发展。但后来由于过于强大的经济膨胀，与整个封建政权和其他各派产生激烈矛盾。在此情况下，黄教寺庙集团需要有一个强有力的领导核心，所以仿照噶玛噶举派采取转世的办法。当时黄教中经济实力最雄厚的拉萨哲蚌寺在法台根敦嘉错死后，找来年仅三岁的索南嘉错，作为根敦嘉错的转世灵童，继承他的首领之位。这是黄教采取活佛转世系统的开始。1576年（明万历六年），青海蒙古首领俺答汗派人到西藏邀请索南嘉错，双方互赠尊号。俺答汗赠给索南嘉错的尊号是"圣识一切瓦尔达喇达赖喇嘛"。此即达赖喇嘛名号的起源和由来，"达赖"是蒙古语"大海"的意思，"喇嘛"是藏语的音译，为上师之义。根敦主、根敦嘉错被追认为一世、二世喇嘛，而索南嘉错自然成了第三世喇嘛。其转世后辈一直称为达赖喇嘛。

发展到17世纪中叶，西藏地区以日喀则为中心以支持噶玛噶举派、止贡噶举派的藏族地方政权和黄教寺院集团斗争不止。1642年，蒙古固始汗进军西藏帮助黄教消灭了西藏地方政权，建立了甘丹颇章地方政权。1645年，固始汗赠扎什伦布寺寺主罗桑却吉坚赞"班禅博克多"的尊号。"班禅"是"班智达钦波"的简称，意为大学者、博学者，是后藏地区对学识渊博的高僧的尊称。"博克多"是蒙语，是对有勇有智的英雄人物的尊称。从此，"班禅"成为专用称号，不再用来尊称他人。班禅活佛转世系统就产生了。罗桑却吉坚赞是第四世班禅，克主杰、索南乔朗、恩萨巴罗桑顿主分别被追认为一至三世班禅。

达赖喇嘛和班禅的称号虽然在明代时候就已产生，但

▲清乾隆皇帝赐用于“金瓶掣签”的金瓶

在清代时才得以确立。如前所述，通过清顺治帝的册封，给了达赖喇嘛历史上最优异的礼教和最高的称号，令其掌管西藏佛教，也就是西藏地方的宗教首领，认可了固始汗为代表在西藏的统治地位。自此，以黄教最高领袖号召蒙藏民众，依靠和硕特蒙古势力统治西藏地方成为清政府的基本政策。后来，清朝为稳定在西藏的统治和加强班禅系统的势力，康熙皇帝下诏册封第五世班禅。这样，清政府正式确立了达赖喇嘛和班禅额尔德尼系统，从此，历代达赖喇嘛和班禅额尔德尼都必须经过中央王朝的承认和册封便成惯例。另外，黄教在蒙古又立了两大活佛转世系统：一是外蒙的哲布尊丹巴，一是内蒙的章嘉。这个系统用来掌管该地的藏传佛教事宜，但没有达赖和班禅流传之广。

活佛转世制度的运作流程，都较为神秘。在前世活佛去世后一年时开始寻访，通过占卜等神秘活动寻访出一位甚至多位灵童。然后再由灵童来辨认前世活佛生前的物品，再请神来问谕。辨认和降神的结果要由驻藏大臣向清政府报告，请求批示。然后再举行升座仪式，称为“坐床”，经过此仪式，灵童正式称为活佛。这其中出现的问题是，如果是多位灵童都可以进行候选的话，那么，该如何抉择，同时又能避免西藏多个贵族操纵活佛地位用于争权夺位呢？1792年乾隆皇帝颁布了“金瓶掣签”法，由清政府制金瓶两个，一个送往拉萨大昭寺，一个藏于雍和宫。活佛转世系统中，确定灵童后要用抽签来决定活佛。这样，金瓶掣签成为定例，流传至今。

68. 近代佛教的基本特点

近代的中国正处于社会转型时期，内交外困的佛教也处于空前的危机之中。佛教走上了漫长的改革之路。当时佛教所面临的威胁是国际社会的挤压、国内政治的打击、自身的弊病等。在这样一种情况下，佛教的基本发展表现为居士的突起、各宗的复兴和人间佛教的革新。

晚清以来，西方资本主义生产方式传入，彻底动摇了封建统治的基础，与之相依的佛教也受到了沉重打击。中国传统佛教的生存土壤，无疑是小农经济。禅宗的“农禅经济”便很好地说明了这一点。但是，随着鸦片战争汹涌而来的西方近代工业文明，其经济方式扫荡了整个中国风雨飘摇的大地。首先是资本主义的冒险、追逐利润等心理，与佛教的与世无争、断绝尘缘等特点相距甚远。同时，在资本主义生产方式和生活方式渗入的同时，基督教也随之进入。在西方传教士于鸦片战争后大规模传教时期，中国信仰基督教的人数日益扩大；同时，日本也向中国反输佛教，带有浓厚的侵略色彩而失去了佛教原有的宗旨。还有国内的政治阶级，例如太平天国对佛教的打击，以及一些政府对寺庙财产的侵夺。以上这些都给中国传统佛教的生存造成了巨大压力，使他们在这样的外患下难以喘息。

同时，佛教由于长期依附于封建势力，随着封建阶层的没落，其本身也出现了衰退，到了生死存亡的关头。首先是传统佛教长期与封建势力相结合，本身的封建化色彩浓厚。到了近现代，这种融合给传统佛教带来了巨大障碍。寺庙经济开始难以维持日益增长的庞大的食利阶层，也因此产生了因追逐寺院经济置佛教义理而不顾的恶劣现象。随着中国封建社会丧钟的敲响，传统佛教活力也走到了尽头。其次是由于佛教在宋以后从事的义理讨论都集中在与儒、道的三教结合方面，所以佛教本身并没有多大发展。这主要体现在大多数僧人的佛学修养普遍不高。这与唐代、五代、宋代时名僧迭起的时期是极为不同的。多数僧人只知道对佛祖菩萨焚香礼拜，对佛理并不了解甚至不作研究，就更不用说出现诸如禅宗五家十宗争鸣的局面。中国南北众僧人普遍文化水平不高，识字不多。这样的佛教界，要想担负起佛教振兴的重任确实很困难。

在这样一个内外夹击的情况下，中国传统佛教做出了一

▲ 虚云老和尚

虚云，俗姓萧，19岁在福州鼓山涌泉寺出家，法号古严，字德清。清道光初年，正是中国遭受列强侵略的时候，虚云的父亲萧玉堂老先生在泉州做官。萧老先生和夫人颜氏笃信佛教，遗憾的是年已40多岁的萧夫人还未生子。一天，夫妇二人到开元寺烧香拜佛，回来后两个人竟做了同样的梦，梦见一位长须青袍老人骑着老虎冲进萧夫人的怀中。不久萧夫人便怀了孕，10个月后正兴奋地期待生个儿子延续萧家香火时，结果竟生下一个大肉团，萧夫人年纪大了，体力不支，看到肉团竟因惊吓过度离开了人世。

这时有个卖药的老人，自愿帮忙把肉团剖开，里面竟然是个白白胖胖的小男孩。萧府上下在悲痛之余，也算得到一些安慰。而这个生下来就没了娘的孩子，就由庶母王氏照顾。这个孩子跟其他孩子并没什么两样，只有一点特别的地方，就是喜欢跟家人到寺庙去朝拜。13岁那年，在湖南老家的寺院中，他每见佛像及听到念佛声，心里就很喜悦，而在小小的年纪就有了要出家的念头。

定抗争。首先是居士佛教在晚清这样一个时代异军突起，为佛教界作了许多活跃的改观。在他们的影响下，佛教各宗派也作了诸多尝试，试图复兴各宗。其中以初清既已衰败的禅宗最为积极，禅宗在中国历史上毕竟有深厚的文化积淀，所以在清末仍能保持一定的规模，并且开始积极地参与社会，兴办佛学院校，组建团体，从事慈善救济活动。其中较为著名的是虚云、圆瑛大师，他们为禅宗法门的支撑做了许多工作。净土宗也积极地推动社会公益事业，并且依然受到了民众的推崇。印光大师作为近代净土宗的重要人物，对弘扬净土影响最广，为后人所不及。另外，法相唯识宗在湮没已久的情况下于近代复兴，可谓一枝独秀。天台宗、华严宗、律宗、密宗也有一定延续。

到了近代，佛教开始走向革新之路，很重要的一点就是提出了“人生佛教”的号召，许多僧界领袖都积极地响应。佛教还在社会上做了普及和教育活动，成立佛教研究机构、民间团体，创办刊物，为近代佛教带来新气象。

69. 杨文会与金陵刻经处

杨文会是晚清最杰出的佛教居士，为中国近现代居士佛教带来了新风气。杨文会，字仁山，1837 年（清道光十七年）出生于安徽石埭（今石台）一个官宦之家，因为偶然得《大乘起信论》而反复研读，随之又读了《楞严经》，对佛学产生了浓厚兴趣，从此一心学佛，认为只有在佛教中才能找到解脱苦恼的方法，并把关注的焦点移到佛教的振兴上。

杨文会在南京创办了刻经处。1866 年，杨文会移居南京，认识了一批学佛同人，如王梅叔、魏刚己等人，面对佛教内忧外患的情况，他们感到佛教典籍的毁坏失散对当前佛教的发展大为不利，于是发愿改变刻印过去大部头《大藏经》的做法，转而改印佛经小册子，以便更为流行佛法。杨文会亲自订刻章程，就此创立了金陵刻经处。他们以金陵为中心，根据统一的刻经版式和校点编辑体例，刻印了一大批普及佛典，对近代中国佛教的发展做出了突出贡献。杨文会生前主持金陵刻经事业近 50 年，刻印佛经 3000 余卷，其中有许多是已经佚失的唯识宗典籍，对近代唯识宗的振兴起了重大的推动作用。同时，华严宗的复兴也与其有莫大关系，杨文会曾托人从日本收集中国久已失

▲ 杨仁山居士

传的《搜玄记》、《探玄记》等数十种华严经典，整理刊刻并结合时代需要予以发挥，激起了强烈的反响。金陵刻经处刻印的经书在近代享有很高的声誉，主要有两个特点，一是金陵刻经处对所刻经书，选择极严，内容纯正；二是刻印经书的质量很高，校勘严谨，刻工精致。杨文会还注重广传中国失传古本，积极自海外寻得流传已久的各宗派书籍二三百种，择其精要而刻印。金陵刻经处的印经，对清末民初佛教经论的流通贡献极大，实际上推动了当时学佛研佛的风气，为近代佛教的复兴作出了基础性的贡献。在他的带动下，全国各地纷纷成立了刻经机构。总而言之，金陵刻经处的创立，是中国近代佛教的大事。对于中国近代佛教的复兴，金陵刻经处有开启之功。

杨文会身为近代著名居士，不仅在刻经上做出了努力，并且还培养了诸多佛学人才，推进了近代佛教教育事业，更开一代居士佛学之新风，从他开始，以佛学研究为基础，以印经与讲学为事业，遂为金陵刻经处百余年来的优良传统。

当时，杨文会看到近代僧人素质普遍低下，致使佛学不振。所以他以金陵刻经处为基地，开办佛学堂，举办佛学研究会，与多方名士共同探究佛学义理。近代的名士如谭嗣同、章太炎等都曾拜在其门下。杨文会甚至还仿照学堂教法来教授佛学课程，热心于佛学堂的工作。杨文会更亲自动手编写了《佛教初学课本》，一直到1907年秋天，在金陵刻经处办起了佛教学校“祇洹精舍”，当时来入学的僧俗学生约有20人，太虚就是那时侯的学生。两年后，因为经费紧张而停办“祇洹精舍”。杨文会并没有灰心，于1910年又发起了“佛学研究会”，每月开会一次，每七日讲经一次。欧阳渐就是在此时正式拜于杨文会的。先后出在杨文会门下的著名佛教学者，除了前面所提的，还有梅撷芸、李证刚等人，可见近代僧俗两界的人才多出于杨文会的培养之下。

总之，杨文会是近代当之无愧的居士名家，他为佛教的振兴作出的贡献，后人多有不及，被誉为中国近代佛教“复兴之父”。他以金陵刻经处为中心，从忧身出发进而忧教、忧国、忧人类。他忧教忧国的理念是中国传统知识分子忧患意识的延续。这是当时整个佛教界、知识界的共同心声，但在僧俗两界，能够做到像杨文会如此，将刻经办学做出规模，对佛学义理研究出深度来，是无人能及的。

▲金陵刻经处

70. 欧阳渐与支那内学院

欧阳渐，字镜湖，号竟无，生于清同治十年（1871年），死于民国三十二年（1943年），江西宜黄人。近代著名佛学家思想家、教育家，人称“宜黄大师”，他同时也是近代著名的唯识宗大师。

欧阳竟无早年是攻读经史的，1890年进南昌经训书院，学习程朱理学，博涉经史，兼修天文、数学。后又潜心研习陆王之学。后来，受到朋友桂伯华的影响而对佛学发生了兴趣。1904年到南京，投奔杨文会，研究学习佛学。后来还游历日本，回国后任两广优级师范教师，因病辞职，又于1910年回到南京跟随杨文会学习。次年杨文会去世，叮嘱欧阳竟无在金陵刻经处继续刻佛经，欧阳竟无在南京留了下来。1912年与李证纲、桂伯华、黎端甫等创立佛教协会。1914年在刻经处设佛学研究部，聚众讲学。1918年，欧阳竟无和章太炎、陈三立等人在紧靠秦淮河畔的南京半边街创立支那内学院（佛学院），由欧阳竟无主讲《唯识抉择谈》、《大藏经》、《四书》、《五经》等经典。1922年欧阳竟无出任支那内学院院长。初次讲学时，著名学者梁启超和张嘉森等人专程赶来听讲20余天，而当代佛学大师赵朴初也是欧阳竟无当时的入室弟子。1925年，他和学

院中40多名生徒开始编辑和刊印唐代以来译自梵文的佛经20余种100多卷。1931年，创办《内院年刊》和《内院杂志》，同年，“九一八”事变后，欧阳竟无激发爱国精神，大声疾呼抗战。1937年夏，抗日战争爆发，他率院众携经板至四川江津，建立中国内学院蜀院，主持该院仍讲学刻经，直到1943年2月去世为止。

▲宜黄大师

欧阳竟无创办的支那学院是当时佛教宗派中复兴唯识宗的重镇。早年他跟随杨文会学习唯识宗，在金陵刻经处为唯识宗的经典刻译做出了诸多努力。1914年，他作为刻经处编辑，刊行了唐代玄奘自印度带回并据梵文翻译的唯识宗经卷。1917年他刻成《瑜伽地师论》后50卷，为当时学者对唯识宗的研究提供了典籍范本。1925年在内学院专门设立了法相学科，为学生讲唯识论，并按年代顺序和发展情况向学生们介绍早期小乘和大乘的佛典。

欧阳竟无自己在佛学理论上推尊法相唯识学，并对此有十分精深的研究。他通过对法相唯识学发展历史的梳理和研究，提出了唯识和法相是在理论上具有许多不同特点的两种学理的崭新见解。在《瑜伽地师论》刻印时，他亲自写序言，阐发法相唯识学一本十支的奥义，分唯识、法相两宗，发前人之所未发。他认为，从印度瑜伽行派弥勒学发展历史来考察，是先立法相，后创唯识。他在有关的

▲ 熊十力

熊十力(1885~1968年),原名继智,号子真,晚年号漆园老人,黄冈(今团风)县上巴河张家湾人。著名哲学家。幼时在家随兄读书,14岁从军,1905年考入湖北陆军特别小学堂,在校期间,加入武昌"科学补习所"、"日知会"等反清革命团体,武昌起义后参加光复黄州,后赴武昌,被任命为湖北军政府参谋。1917年赴广州参加孙中山领导的"护法运动"。失败后,决意专心从哲学研究。全国解放后,以"特别邀请人士"身份参加首届全国政治协商会议,后被选为全国政协二、三、四届委员。1968年因病在上海逝世。

著有《新唯识论》、《原儒》、《体用论》、《明心篇》、《佛家名相通释》、《乾坤衍》等书。其学说影响深远,在哲学界自成一体,"熊学"研究者也遍及全国和海外,《大英百科全书》称熊十力与冯友兰为中国当代哲学之杰出人物。

经论叙著中，从不同角度比较了法相学与唯识学之间的不同点。欧阳竟无一生著述甚丰，晚年自编所存著作为《竟无内外学》26种30余卷，他在著作中提出的“结论后的研究”的方法和“佛教宗教非哲学”、“法相唯识非一”的思想，在当时颇有影响。欧阳竟无毕生穷究佛学，初研瑜伽，中研般若，晚精法相唯识，实集佛学之大成。

在佛教教育方面，欧阳竟无为近代中国培养了一大批著名的佛教学者，在内学院的30年历史中，在中国近代思想史、学术史上卓有成就的梁漱溟、熊十力、汤用彤等，都与内学院有着密切的关系。

欧阳竟无一生，继承了杨文会的刻经立学事业，成果斐然，他所创办的支那内学院开佛学教育以专业化、学术化之先河，并以此为后世居士道场奠定基础，大大提升了居士于佛学界的地位。另外，其突出的贡献还在于他在唯识宗复兴上的诸多努力，以及他融通儒佛的佛学思想。

71. 太虚的佛教革新运动

太虚（1889~1947年），浙江海宁人，现代中国佛教改革的最重要领袖，人生佛学的主要倡导者。太虚一生的事业和佛教改革的成败息息相关，门下徒众誉之为中国的马丁·路德，而“政治和尚”之类的讥评也时有所闻。从立志佛教改革开始，太虚始终在寻求一条将佛法与社会，也即将佛法的胜义谛与世俗谛结合发展的道路，其佛教改革思想和这一中心目标密不可分。太虚自幼家贫多病，启蒙识字后，才气渐露。16岁于苏州平望小九华寺出家，同年依宁波天童寺寄禅和尚受具足戒。1909年随寄禅参加江苏省僧教育会，又于南京金陵刻经处“祇洹精舍”跟随杨文会学佛经。1911年在广州组织僧教育会，住持白云山双溪寺。当时的黄花冈起义对他影响很大，他曾作诗凭吊。1912年与同学仁山等创设中国佛教协进会，后中国佛教协进会并入中华佛教总会，太虚被推为会刊《佛教月报》总编辑。撰文宣传“佛教复兴运动”，建立新的僧团制度。1917年应请至台湾弘法。曾在上海与章太炎等组织觉社，出版《觉社丛刊》，后改为《海潮音》月刊。1922年创办武昌佛学院。1925年率佛教代表团出席在日本东京召开的东亚佛教大会，并考察日本佛教。1927年任厦门南普陀寺住持、闽

▲太虚

南佛学院院长。1928年在南京发起成立中国佛学会，是年秋出国访问，历游英、法、德、比、美诸国，宣扬佛教，与英、法等国学者共同发起，在巴黎筹组世界佛学苑，太虚是第一个到欧美弘法的中国僧人。1931年在重庆北碚缙云寺创办汉藏教理院。1943年组织中国宗教徒联谊会。抗战胜利后，任中国佛教整理委员会主任。1947年在上海逝世。

太虚一生精研佛学，在许多佛学义理上尤其是唯识宗派思想上作过诸多论述，他是当时僧界弘扬唯识学的主将。然根据上面所述太虚一生的经历，我们可以看到，他的这一生都在致力于佛教的复兴、重整和改革活动，是一位佛教改革的实践家。太虚年轻时受时局影响，阅读很多有关中外各种思潮的书刊，还跟苏曼殊学过英文。1907年经同学华山、栖云等介绍，读康有为、梁启超、谭嗣同、章太炎、邹容等人的著述，深受激励，向往革命。他当时还读了不少空想社会主义者和无政府主义者的著作，如托尔斯泰、巴枯宁、蒲鲁东、克鲁泡特金的书，甚至于马克思的著作。面对清末以来佛教界的种种弊病，他提出了“佛教革命”的口号，提出教理、教制、教产三大革命，撰文宣扬佛教复兴运动，规划创建新型的僧团组织和制度，他主张推行贴近普通民众社会生活的“人生佛教”，并致力发展佛教教育，“人生佛学”被后人发展为“人间佛教”理论，成为现代中国佛教的指导思想；他还创办佛学院，组织居士林，出版书报杂志，在培育新僧人才，团结各界信众，宣传佛教文化等方面，都做出了卓越的贡献。

太虚提出的佛教革新思想显然受到了近代资产阶级民主革命派思想的深刻影响，他自己曾把佛教三大革命的主张与孙中山的三民主义相比拟，认为教理革命就是民权主义，教制革命就是民族主义，而教产革命则是民生主义。后来他又模仿三民主义而提出了所谓的“三佛主义”，即建立有主义、有纪律之僧团组织的“佛僧主义”，大力发展佛教徒、在僧侣组织之外还要建立居士组织的“佛化主义”，以及用佛教影响国家乃至全世界的“佛国主义”。太虚倡导的佛教革新运动，其重点在整顿僧制，建立新僧团，由于社会的发展变化，以及受到佛教内部保守派特别是占寺产为己有的既得利益者，同时又是实力派的强烈反对，改革难以实行，因此，太虚便积极从事佛教教育。他创办刊物以宣传佛教思想，创办佛学院以培养佛教人才，他特别鼓励年轻的僧人学习佛教教义，并兼学各种文化知识，他在《学僧修学纲宗》中谈到学僧“为学的宗旨”时强调，“根本宗旨在于佛学”，但学佛“不仅解行佛法独善其身，还要将佛法扩充到全社会里去，发展到全人类中去，既然如此，在此修学时期，必须要预备办这种事业的工具，即是要有世间的各种常识：科学、哲学的常识，各民族历史、地理等文化的常识，此外还有宣传佛教的文字语言”。太虚在推行佛教教育方面的努力对近代佛学研究和佛教文化事业的发展都起了一定的促进作用。

在太虚的佛教改革事业中，教产、教制方面的收效甚微，而教理革命，尤其是人生佛教的思想对中国近现代佛教的发展贡献很大。太虚提倡人生佛教的主要内容在于：

▲ 镇江金山寺

金山寺位于江苏省镇江市内的金山上。金山雄峙在镇江市区西北的长江南岸，山势巍峨，风景优美，有“江南诸胜之最”的美誉。

以佛教“舍己利他”、“饶益有情”的精神去改进社会和人类，建立完善的人格、僧格。为此，太虚大师提出了“即人成佛”、“人圆佛即成”的口号。他认为，这里所谓的“即人成佛”与禅宗所说的“直指人心，见性成佛”不一样，而是指“直依人生增进成佛”，或“发达人生进化成佛”。他鼓励僧众和信众从现实人生出发，由自身当下做起。这也就是说，成佛就在人的现实生活中，就在人的日常道德行为中。因此，他的人生佛教的鲜明特点就是落实到现实生活中具体人格的培养和完成上。

太虚的这一理念，虽然在当初受到了一些佛教信仰者尤其是僧界的攻击，但随着学说的宣扬，影响越来越大，很多工商界和民族资产阶级支持太虚的做法。在他们的努力下，太虚以“人生佛教”为核心的教理革命，向社会迅速扩展，并最终成为整个佛教界的自觉行动，推动了近代佛教的革新。虽然太虚的很多思想在后来未能实现，大师晚年还是写了《我的佛教革命失败史》一文来总结过其中的教训。但是，大师所指出的佛教改革的总方向和他的实践精神，至今仍在激励着中国的广大佛教僧伽和信众去为之奋斗。

太虚提出的佛教革新主张，在当时得到了广大僧众的支持，但也遭到了一些守旧派的反对。例如1912年在镇江金山寺召开的“佛教协进会”成立大会上他最早提出佛教革新主张时，由于旧派的反对而引起了激烈的争论，乃至发生了“大闹金山”事件。虽然太虚革新佛教的主张并不十分适合当时社会的实际情况和实际需要，他自己后来也改变或放弃了某些主张，但不可否认的是，他提出并致力于推行的佛教革新运动在近代佛教发展史上的影响是巨大的，对近代佛教的复兴也是起过十分重要积极作用的。

太虚之所以能成为近代佛教改革的领袖人物，成就一番有特色的佛教改良思想，很大一个因素在于他生活在佛教这样一个内忧外患的时代，在一个革命的年代里，一切社会和文化的变革都必然会打上革命的烙印，佛教从传统向现代的变革也是如此。获得了一个新的世界观和人生观，革命在他心中扎下了根。他为此走出山林，走向广阔的生活世界。佛教对他来说不再只是个体生命解脱的工具，他所关心的是改革佛教的积弊，振兴佛教，以之为救国救天下的工具。佛教的信仰与世界潮流、天下大势紧密融合在一起，他旺盛的生命活力赋予了那个时代的佛教以奇情异彩。

72. 建国后的佛教发展

1949 年中华人民共和国的成立，是中国佛教发展历史上的一次重大转折。首先是中国佛教协会的成立，是佛教发展的一个重大历史事件。新中国成立之初，格达活佛被害，但西藏还是在 1951 年和平解放。1951 年在广东乳源云门宗祖庭云门寺，由于一些别有用心的人的挑拨，爆发了云门寺事件，虚云老和尚被打倒，几周后事件才被平息，虚老去北京参加了亚洲及太平洋区域和平会议。因此，全国性的佛教组织的成立成为佛教发展的必然趋势。

1953 年 6 月 3 日，中国佛教协会在北京广济寺正式成立，它是佛教界人士和信教群众代表发起并成立的全国性爱国组织。圆瑛是首任会长。中国佛教协会是佛教界人士和信教群众代表发起并成立的全国性爱国组织。其宗旨为协助人民政府贯彻宗教信仰自由政策，维护佛教徒的合法权益；弘扬佛教优良传统，加强佛教自身建设，兴办佛教事业；团结各民族佛教徒参加社会主义物质文明和精神文明建设，为改革开放、经济建设、祖国统一和世界和平作贡献。

中国佛教协会成立后，陆续从事整修名寺古刹，先后修缮北京雍和宫、法源寺，上海玉佛寺、龙华寺，江苏灵

▲圆瑛大师（1878~1953年），是中国近现代名僧。俗姓吴，名宏悟，号韬光，又号一吼堂主人。福建古田人。依涌泉寺妙莲和尚受具足戒。宣统元年（1909年）于宁波创办佛教讲习所。1929年，与太虚共同发起成立中国佛教会，被推为理事长。1939年，以“抗日救国”被日本宪兵问罪。1953年任中国佛教协会第一任会长。

岩寺，南京栖霞寺，杭州灵隐寺，天台国清寺，广东南华寺以及西藏的许多寺院。在人才培养方面，中国佛教协会积极创办一系列佛学院，还恢复了金陵刻经处，开展佛教书籍的出版与流通工作。此外还刊行了《现代佛学》月刊，文革期间停办，佛教协会的工作也随之停顿。文革后，佛教协会的工作进一步完善，并与海外佛教界加强了联系。

北京广济寺位于繁华的西四大街，始建于金代。明英宗天顺年间（1457~1464年）僧人普慧及其弟子圆洪募资重建，得到明皇室的支持。成化二年（1466年）赐名弘慈广济寺。1921年毁于火，1924年重建。新中国成立后多次维修。

新中国的佛教教育，就全国性教育机构的设立而言，开始于中国佛学院的开办。1956年，中国佛学院在北京法源寺正式成立，中国佛教协会副会长喜饶嘉措担任首任院长，后由太虚的弟子法尊接任院长一职。该院是新中国培养佛教专门人才的院校，该院几乎集中了全国所有的佛教教师，学僧来自全国各地寺院，分设本科、专修科2班，共100多人。该院还开办藏语班，专门培养来自西藏、四川、青海、云南等省的学员。后来，在80年代时还在全国各地开办了分院以及恢复或成立各地的佛学院，如闽南佛学院、武昌佛学院、上海佛学院、九华山佛学院、五台山

▲ 广济寺，现为中国佛教协会所在地，是全国佛教事务活动的中心。

佛学院、西藏佛学院、青海佛学院等。另外，金陵刻经处也在 1949 年后得到恢复和发展，印刷流通经书数百种。

建国后的佛教主流思想当不得不提到人间佛教，如上篇所提，它是由虚云大师最初发起的人生佛教发展而来的。在改革开放后，中国佛教协会明确提出了把中国佛教作为今后佛教发展的目标。中国佛教协会会长赵朴初在 1983 年重新阐释了人间佛教的思想，说佛陀出生在人间，说法利生在人间，佛法是源出人间并利益人间的。他指出了佛教思想的现代意义，并把人间佛教提高到在当今的世界，指出了中国佛教向何处去的方向。

从佛教思想发展的历史上看，人间佛教是佛教不断发展的必然趋势。当代一些国家和地区的佛教组织或团体，已经把积极入世和参与社会作为其佛教活动的基本原则，这也说明了传统佛教的现代价值正在越来越多地被人们重视。“人间佛教”作为一种观念的提出，也正是这一大势所趋。

▲1955 年 5 月，周恩来在北京广济寺参观。

新中国建立后，特别是改革开放以来，中国佛教躬身力行，使人间佛教在现实的社会生活中逐渐得到了落实，并取得了巨大成就。赵朴初明确地把人间佛教的思想提高到佛教在新时期的复兴以及与社会主义社会相适应的政治高度。十几年来他的这一号召在全国佛教界得到了广泛响应。在他的指导下，中国佛教协会和各地佛教协会通过了一系列决议和决定，在各方面与社会主义社会有机结合起来，在更大的范围内实践“人间佛教”。

当然，由于时代的发展，尤其是在当代中国社会价值面临着冲击，中国的传统价值观自然也包括佛教，也面临着一些新的问题。为了使佛教在新时期沿着健康有序的方向发展，中国佛教协会多年来研究、制定了一系列的制度和规章，如《全国汉传佛教寺院管理方法》、《全国汉传佛教寺院共住规约通则》等，正是由于这些规章的制定，新中国佛教的发展和建设，才有了切实可行的操作规章，有利于人间佛教事业在全国的开展。

73. 中日韩三国的佛教“黄金纽带”

中国佛教在公元4世纪后期传到朝鲜，在6世纪中叶传到日本。中国成为朝鲜、日本佛教的发源地。长期以来，佛教成为中、朝、日三国文化交流的重要媒介。

中国佛教协会代表团于1993年出访日本，参加日本佛教界纪念中国佛教协会成立40周年的庆祝活动。韩国佛教界也特地派代表出席会议。赵朴初会长出席此次会议并发表了演讲。他在讲话中说：中韩日三国佛教界的友好交流自古到今已形成一条“黄金纽带”。这一形象的比喻，得到参会代表的一致好评。他们立即提议召开三国佛教首脑会议，以推动三国的和平与友好交往关系。

经过三国佛教界代表的协商和筹备，1995年5月22日于北京召开第一次“中韩日佛教友好交流会议”。会议以“友好·合作·和平”为主题，旨在构建三国佛教的友好关系，积极推动三国人民的友好交流，维护东亚稳定，维护世界和平。

赵朴初会长在会议的开幕式和闭幕式上发言。他说：三国佛教徒和三国人民自古以来有着悠久、深厚的亲缘关系。三国山水相连，文化习俗同源，宗教信仰也一脉相承。许多纽带把三国密切联结在一起，“在所有这些纽带中，有一条源远流长，至今还闪闪发光的纽带，那就是我们共同信仰的佛教。我曾送给它一个名字：黄金纽带。这条纽带史自有来。回溯历史，佛教在中韩日三国人民的文化交流中起着媒介的作用。可以说，佛教上的合作与交流是中韩日三国文化交流史上最重要、最核心的内容。”他希望三国佛教徒能够继承和发扬自古以来三国友好合作的传统，让这条“黄金纽带”继续发挥它应有的作用。三国佛教界代表都表示愿意通过佛教这条“黄金纽带”，加深三国人民之间的友谊，推进亚洲和世界和平事业。会议通过了《北京宣言》，充分肯定了这次会议的重大意义。

按照会议宣言，此后轮流在三国举办了5次三国佛教友好交流会议，2005年在北京召开了第7次会议。

从中日两国佛教友好交流扩展到中韩日三国佛教友好交流，开始了东亚佛教文化交流的新时期。在以和平与发展为主旋律的时代，在世界日益走上多极化的新的国际形势下，佛教“黄金纽带”为增进各国佛教徒和人民之间的心灵沟通和理解，为推进亚洲和世界的和平发展事业作出自己独特的贡献。

▲ 赵朴初居士

1907年11月5日生，安徽太湖人。赵朴初是中华人民共和国成立以来中国佛教界的主要领导人。在长达半个世纪的时间里，赵朴初始终在探索佛教如何与中国当代社会相适应，佛教如何在爱国与爱教道路上达到统一，佛教如何为现代社会服务，他是中国广大佛教信众崇敬的领袖。此外，他还是一位受人尊敬的社会活动家、诗人和作家。赵朴初晚年体弱多病，但他关心慈善事业，他本人的稿酬和一生的积蓄都用于慈善事业。在他生前写下的遗嘱中要求将他的遗体贡献给医学机构使用。2000年5月21日赵朴初因病在北京逝世，享年93岁。他要求死后不留骨灰，不要骨灰盒。他在遗嘱中还写了一首四言诗：“生固欣然，死亦无憾。花落还开，水流不断。我兮何有，谁欤安息。明月清风，不劳寻觅。”表现出佛教徒的死亡观。